[美] 罗伯塔·金斯基·马图森
(Roberta Chinsky Matuson) 著
白永明 译

有效对话

应对沟通困难的
7个原则

Seven Principles for
Managing Difficult
Conversations at Work

Can We Talk

中国科学技术出版社
·北 京·

© Roberta Chinsky Matuson, 2022
This translation of Can We Talk? is published by arrangement with Kogan Page.
All rights reserved.
北京市版权局著作权合同登记 图字：01-2022-0375。

图书在版编目（CIP）数据

有效对话：应对沟通困难的 7 个原则 /（美）罗伯塔·金斯基·马图森著；白永明译 . —北京：中国科学技术出版社，2022.7

书名原文：Can We Talk：Seven Principles for Managing Difficult Conversations at Work

ISBN 978-7-5046-9586-4

Ⅰ.①有… Ⅱ.①罗… ②白… Ⅲ.①心理交往—语言艺术 Ⅳ.① C912.13

中国版本图书馆 CIP 数据核字（2022）第 086280 号

策划编辑	何英娇　王碧玉	责任编辑	杜凡如
封面设计	马筱琨	版式设计	蚂蚁设计
责任校对	邓雪梅	责任印制	李晓霖

出　　版	中国科学技术出版社
发　　行	中国科学技术出版社有限公司发行部
地　　址	北京市海淀区中关村南大街 16 号
邮　　编	100081
发行电话	010-62173865
传　　真	010-62173081
网　　址	http://www.cspbooks.com.cn

开　本	880mm×1230mm　1/32
字　数	163 千字
印　张	8
版　次	2022 年 7 月第 1 版
印　次	2022 年 7 月第 1 次印刷
印　刷	北京盛通印刷股份有限公司
书　号	ISBN 978-7-5046-9586-4/C·198
定　价	69.00 元

（凡购买本社图书，如有缺页、倒页、脱页者，本社发行部负责调换）

目录

引言 有效沟通的7个原则

第1章 信心：相信自己，相信对方

本应该，可能就，也许会 / 027

新数学：为什么对不上 / 029

脑海中的对话存在什么问题 / 030

相信我：你为何要有自信 / 031

不自信的表现以及如何应对 / 040

用自信来驾驭棘手对话 / 044

信任：一切关系的基石 / 047

第2章 澄清：明确提出观点，并虚心倾听

把话说清楚 / 054

确立正确的目标 / 058

为棘手对话做准备要考虑的四个因素 / 063

做最坏的打算，期待最好的结果 / 070

对话准备情况的评估 / 074

远程处理棘手对话 / 075

当气氛升温时保持冷静 / 078

你现在能听我说吗 / 082

有效对话
应对沟通困难的7个原则

倾听，不要想当然　/ 085
为什么力求正确，却得到错误结果　/ 087

| 第3章 | 同情：要有同理心和理解力 |

同情心和同理心的需要　/ 094
设身处地为他人着想　/ 098
建立融洽关系的艺术　/ 101
非语言交流与肢体语言　/ 104
放慢速度以加快对话　/ 108
全身心投入　/ 110
过度共情：是否关心过度　/ 114

| 第4章 | 好奇：探明究竟，而不是置身事外 |

好奇的力量　/ 120
发掘你的内在童心　/ 122
为什么好奇不会害死猫　/ 125
不要扼杀他人的好奇心　/ 127
好奇心对对话的影响　/ 132
当对话失去控制时，重新掌控局面　/ 137

| 第5章 | 妥协：敬人者，人恒敬之 |

实现相互尊重　/ 144

寻找共同点 / 150

你来切，我来选 / 152

你想让我做什么？利用影响力达到目的 / 156

退一步，海阔天空 / 159

缓和高度紧张的对话 / 161

警告：前方是死胡同 / 164

知道什么时候该停止对话 / 166

第6章　信誉：认识到言行一致的重要性

信誉是什么 / 170

信誉不是什么 / 177

看法的力量 / 179

有点眼力见：你的信誉在下降吗 / 182

改变看法：有可能吗 / 187

与远程员工建立信任关系 / 191

第7章　勇气：克服障碍

发挥你的勇气天赋 / 196

适应不适 / 201

办公室政治：驾驭激烈的对话 / 205

选择性参与职场斗争 / 212

找回勇气：为自己挺身而出 / 214

有效对话
应对沟通困难的7个原则

第8章 总结

化零为整　/ 220

太空中的棘手对话　/ 225

尴尬的对话之后该做什么　/ 228

营造和睦团结的工作环境　/ 232

保持正轨　/ 238

将对话进行到底　/ 240

致　谢　/ 245

尾　注　/ 247

有效沟通的 7 个原则

有效对话
应对沟通困难的7个原则

💬 本书从何而来？

那是1993年的一天，一切都和往常一样。我通勤到美国马萨诸塞州的波士顿市中心，乘电梯到我的办公室，准备开始新一周的工作。我完全没有料到自己的生活将在那一天发生改变。在深入讨论之前，让我来介绍一下当时的情况——我觉得就像一场梦，一场噩梦。

20世纪90年代初，我被困在一份不太喜欢的工作中。与我的上司相比，电影《穿普拉达的女王》（The Devil Wears Prada）中梅丽尔·斯特里普（Meryl Streep）扮演的虚构角色——刻薄的"魔鬼"老板米兰达·普里斯特利（Miranda Priestly）简直算得上是天使。我甚至相信斯特里普在排练时，花几天时间向我的上司请教过。

不可否认，我和这位经理的关系从一开始就不太好。我是被她的前任聘来的，但那位前任在我上任后不久便离开了。那时我并没有仔细考虑换工作的问题，因为上司的更替就像走马灯一样，谁都不会待太久。

从入职的第一天起，我的新上司在很多事情上和我的意见相左，这使得我很难施展拳脚。她不是那种啰里啰唆的人，并且很少说话，也觉得没有说话的必要，你不必说话，只要看她紧皱眉头的脸，就知道她在想什么。

我花了一年时间，使出浑身解数，试图讨她欢心。老实说，我还以为自己取得了一些进展，直到那命中注定的一天，我的上司走过来说了一句让人担忧的话："我们能谈谈吗？"她接着说，"到我的办公室来一趟。"

她来去匆匆，说完扭头就走。这倒正合我意，因为我不想让她听到我的心沉下去的"声音"。我尽力振作自己的精神，去她的办公室，坐了下来。

以下是那次对话的过程。

上司：你没有达到我的期望值。（停顿片刻后）不过，我不确定我有没有跟你说过。

我：（目瞪口呆）好吧。

自始至终，我一直纳闷：她到底在搞什么鬼？

她讲起自己的期望以及我所有的过错。我很震惊，心想如果她不跟我说出期望，我怎么可能知道？她从哈佛大学毕业，也许学过读心术。但我上的是东北大学（Northeastern University），那里根本不开设读心术101课程。

我可能被她的一番话弄糊涂了。不过，有一点我非常清楚——我该离开这家公司了。

要是她读过本书的试行本就好了。那样的话，我们共事的时光就会有截然不同的结局。但话又说回来，若是如此，我可能永远不会写这本书。

我想说的是，这是我在整个职业生涯中经历的唯一一次尴尬的对话。遗憾的是，这种对话在周围生活中屡见不鲜，这也是我在本书中与大家讨论的主题。

这种疯狂的蠢事频繁发生在全球各地的工作场所，甚至在外太空上演（后面会有相关内容）。我的使命是确保你或你认识的人不会发生像我这样的遭遇。

职场中的很多交流是不平等的，它们更像是一段独白，而不是对话。如果我们想要实现更好的工作成就和拥有更人性化的职场环境，就必须改变这种局面。

本书目标是让大家避免遇到我的那种经历。我当时很年轻，没有意识到保持沉默等于在放弃自己的权利。权利是有趣的，一旦你放弃它，就很难再找回来。

本书中，我将鼓励那些在工作中遇到沟通困难的人，让他们坦然接受可能的结果。如果把心态放平，本着善意处理事务，那么你将体验到快速的个人成长。最具挑战性的经历往往会带来最令人惊叹的变化，这也是本书所讲的内容之一。

想要将有意义且有效的对话成为职场常态，我们还有很多事情要做。本书中概述的内容框架可以作为捷径，如果你能运用好本书

> **引言**
> 有效沟通的7个原则

里面的知识，你将能够走到团队的前列，那是为高效的领导者和快乐的员工预留的位置。

为了帮助你改善与老板、同事和伙伴的关系，我把这些框架组合了起来。多年来，通过给数百名客户提供辅导和咨询，我开发并完善了一个由7个原则组成的模型，可以帮助你克服沟通困难。

你可能也和我的客户一样，既想要做好本职工作，也希望其他人对自己的表现感到满意。这虽然并不容易做到，但肯定是可行的。以下7个原则会让你收获良多，希望你也能像我的最佳客户们一样优秀。

7个原则

信心

第一个原则是信心。表达观点要有信心，这样才能充分调动起对方的参与积极性，让对方愿意倾听你的看法。我会带你进行树立信心的练习，并通过几则故事，解释信心如何使人成功应对令人生畏的关键对话。

你将学会相信自己，这样就能自信地应对任何可能出现的挑战。我们会探讨不平等对话对业务关系和职业生涯的影响，以及作为员工，你如何来保证对方听到你的声音。我们还将讨论在直接说出自己的想法之前，为何要和对方建立信任关系以及不这样做的后果。

澄清

第二个原则是澄清。如果你和某人交谈后还不明白对方的观点是什么，那么你就亲身体会到了对话之前确定自身诉求的重要性。我们还要强调虚心倾听，因为这样才能找到对双方都有利的结果。

同情

接下来讲的是同情。在我们的对话中几乎不表现出同理心。无论是对员工、老板还是同事，我们都不会花时间去了解对方的实际情况。我们只是盲目向前冲，当对话出乎我们的意料时，就会落得措手不及。本章中，我们将探讨如何更好地了解对方的出发点，以便能相应地调整自己的立场。

好奇

第四个原则是好奇。当有人问"我们能谈谈吗"时，我们很容易做出负面猜测。大多数人对这句话的反应是立即产生防备心理。本章解释如何利用好奇心，将心态从恐惧和忧虑转向好奇和探究，从而使双方都能以逐步向好的状态进行对话。我将给一些提示，帮助你以积极的心态展开对话，还会提供一份开放式问题清单，让你更好地了解现状。

妥协

第五个原则是妥协。让我们接受现实吧，大多数具有挑战性的对话都以妥协告终，所以何不妥协呢？想一想，如果你带着双方都能满意的折中方案开始交涉，你会节省很多时间和精力。妥协的重点是提出你的要求，当实现其中的大部分时就会感到满足。

信誉

第六个原则是信誉。如果你想让别人采纳你的建议，那么需要给他们一个信服你的理由。你必须做到言行一致。如果你说"你得听我的，因为我是老板"或"我知道自己在做什么"，那么这种做法只会损人又害己。读者朋友们要学会前进之前退后一步，先建立自己的信誉。

勇气

我们将本书的内容框架与勇气这个原则紧密结合起来，就能成功驾驭工作场所的权力动荡。办公室政治可能是员工所面临的最大挑战。勇气这个话题不适合胆小的人，这就是我把它留到最后才讲的原因。我希望读完这本书时，你能具备安全穿越每个组织内部必然存在的政治雷区所需的技能和装备。

要和你对话的人可能与你的看法截然不同，或者在组织中比你更有权势。去他的办公室就像进入"虎穴"一样，你需要勇气。在

有效对话
应对沟通困难的7个原则

本章中,我们将介绍一些妨碍有效对话的重要障碍及其解除方法。我将分享其他人应对艰难挑战的案例,并教你学习他们的本领。

期望你在阅读本书的时候用心练习,将所学知识融入日常工作生活中。当然,你也可以修改本书中的一些内容情节,使其更加适合你的个人交际风格。

允许自己冒一定的风险,尝试过去可能不会使用的方法。也许,你以及你的团队成员或老板可能会喜欢上全新的你,一个胜过读这本书之前的你。

让我们将对话进行到底。

撞车了

你是否有过眼看着一场事故要发生,却无力避免的情况?我有过,那一次,我的车被撞了。

几年前,我住在美国得克萨斯州的休斯敦。那天,我排在其他车子后面等红灯时,一辆车朝我驶来。我环顾四周,看看能不能让路,但发现无处可躲。当那辆车从侧面擦过时,我勉强稳住了我的车。谢天谢地,我没有受伤!一些目击者证实了我的说法。那辆车的司机原来是酒后驾驶,而且不是第一次这么干了。人们可能以为,第一次酒驾后,那个人可能会有所收敛。可惜,事实并非如此。

有时，人们需要一段时间才能明白他们的行为害人害己，甚至可能断送自己的性命。希望这位司机在造成更多伤害之前，能够及时得到必要的帮助。

我觉得，很少有人早上醒来时会想"我怎样让别人过得很糟糕"，人们也不会以让别人哭泣为目的去对话。然而，这种情况每天都在发生，而且还有很多没有说出口的话。你知道我指的是什么，因为你们中有些人正在想"我对比尔的工作表现感到很失望，我不会再给他安排任何好的项目了""如果唐娜（Donna）再做错一次，我就叫她离开这里"。

没有说出口的话也会造成破坏，而且对方不知道风暴正在酝酿。在我看来，未说出口的话是最危险的，这让我想起了"蠓"这种小虫子。你或许没有意识到它们的存在，但这些小虫子已经让你受尽了折磨，这意味着你作为承受者（或预期承受者），没有任何办法来保护自己。

回避行为的流行：为什么要改变——立即行动！

回避艰难对话已经发展成一种"流行病"。在个人沟通方面，人们越来越倾向于避免棘手的问题，尤其是与政治有关的话题。这可能是一件好事，因为在此类对话中，没有人是赢家。

我们大多数人都听过被解雇的人（我们自己可能就是那个人）

有效对话
应对沟通困难的7个原则

说这样的话:"我没想到会发生这种事。"他们的回应不是因为被解雇而为自己辩解。而是因为回避是他们的现状。

有很多这样的故事,人们被解雇前几乎没有受到过任何警告或反馈,也没有得到上司的帮助或支持以改进不足。

据职场资源初创公司Bravely的数据,多达70%的员工避免与他们的上司、同事和直接下属进行尴尬的对话。[1]这么多人回避对话的事实对公司及其员工的健康发展和福祉产生了巨大的影响。具体如下:

- 2016年12月,《关键对话》(*Crucial Conversations*)一书的作者约瑟夫·格雷尼(Joseph Grenny)和戴维·马克斯菲尔德(David Maxfield)进行了一项研究,发现每一次对话失败都会给企业带来7500美元以及7个以上工作日的损失。[2]

- 2017年8月15日,由Fierce公司的领导力发展与对话专家发布的一项研究表示,53%的员工忽视工作中的"有毒"情况。这等于他们在听任"有毒"员工继续对工作场所造成严重破坏。[3]

- CCP人力资本公司2008年7月发布的一份报告指出,员工花在处理困境的时间每周达2.8小时——按带薪工时计算,总计约3590亿美元。[4]

可想而知,员工的敬业度和对组织的信任感在下降,工作压力却在上升。我们必须采取行动,减缓这一现象的蔓延,否则我们可能永远无法从损害中恢复过来。

我们必须从某处着手改变——那就从一次又一次的对话开始吧。

平等对话

我曾经参加过多场工作对话，从中观察到了如下特征：一场对话需要两个人平等参与，但是大多数艰巨的职场对话并非如此。

典型的职场对话是这样的：

老板：我们能谈谈吗？

雇员：好的。

老板：你没有达到我的期望值。

雇员（一脸困惑）：呃，好吧。

老板：我已经把你列入绩效改进计划了。你还有3个月的时间，可以争取改善情况。

雇员：知道了。

谈话结束时，老板心想：嘿，谈得不错！而员工却想：这究竟是怎么一回事？他很可能有了别的想法，但具体是什么就不好说了。

一次富有成效的对话可以成为双方重新开始的好机会。在这种情况下，老板应该使用一种被我叫作"成功轮换（success shuffle）"的技巧。它类似于沙壶球游戏，不同之处只是每个参与者轮流推进的不是沙壶球,而是对话。

领导者要采取主动。"我们能谈谈吗?"接着说"你没有达到我的期望值",这就像开球手在球桌上投出去的头两枚沙壶球。

你要精准打击。比如,一开始就强调员工最近做的一些积极的事情,这才是开始对话的正确方式。"成功轮换"的规则与沙壶球游戏是相似的,参与者依次说话,这对那些倾向于主导对话的人可以起很好的提醒作用。在"成功轮换"中,你除非得到对方的回应,否则不能发言,只能安静地等待。

这种局面刚开始可能让人觉得尴尬。你很想跳起来打破沉默。但别这样!这段对话也许在你脑海里打转了好几个星期,但十有八九,对方第一次听到。给他们一点时间来消化你所说的话。在看到击出去的球落在哪里之前,一定要忍住接着打的诱惑。

这就是沙壶球游戏和对话过程的相似之处。在沙壶球游戏中,玩家投球是为了击败对手。我们将这种行为称为"一决胜负":一个人赢,另一个人输。但这根本不是对话的目的,对话要的是双赢。

无论是沙壶球游戏,还是话语的"成功轮换",都可以通过耐心和练习,获得显著提高,所以我建议立即应用从本书学到的技能。多年来,我有过许多难搞的工作对话。这里,我可以百分之百保证,一旦掌握有效对话所需的技能,你的生活将发生意想不到的变化。

💬 棘手对话即将到来的五个迹象

人们总是说"我根本没有想到……"或"我从没预料到会这样"。然而，回头一看，种种迹象历历在目。人们只是不愿意看到它们。

我能理解这种感觉。在前文提到过，我认为自己和上司的关系已经改善了。我非常希望这是事实，以致忽略了一些提醒我即将发生此类对话的迹象。如果早就意识到的话，那么我可以做好准备，结局可能也会有所不同了。或者，至少我从那一天起经历的心理创伤将永远不会发生。

第一个迹象：你从得力助手变得无人问津

你曾经是上司的得力助手，是她需要帮助时第一个想到的人。她曾经常说这样的话："没有你，我不知道该怎么办？""为什么其他员工没有你这么好的工作态度？"现在，你好像变成了隐形人。你提出的建议对她来说，只是左耳朵进，右耳朵出。如今，你甚至怀疑如果你不来上班，她是否会注意到。

类似的情况发生在我的一个客户身上。"以前，我忽视了一次艰难对话的明显迹象。我在一次客户服务会议上反驳了我的上司，她非常恼火，但我没有在意。那次会议之后，一切看似很正常，只是她几乎不再征求我在战略决策方面的意见了。几个月后，她问我是否可以谈一谈。我在她的办公室里等了10多分钟后，她说我被解雇了，因为我太爱争论。这使我彻底震惊了！"

第二个迹象：对你惜字如金已成新常态

过去，你和上司之间的谈话通常会持续好几个小时。你们俩反复讨论问题，一起想出对策。但现在，如果你的问题能收到对方一封超过280个字符（推特的推文字符上限）的邮件回复，就已经算幸运了。

第三个迹象：老板想方设法回避你

这一点似乎显而易见，但大多数人都不知道他们自己就是问题的根源所在。他们反而说服自己，认为领导忙得不可开交，没有时间去寒暄；或者他们的老板不是那种像有关伟大领导力等文章中描述的平易近人的领导。

如果你觉得老板的奇怪行为是他的问题，而不是你的问题，那么请考虑以下几点：

- 你能具体说出老板对你的态度从何时开始变冷淡的吗？也许你在一个备受重视的项目中，没有发挥最佳水平；或者因为一些家庭事务，你无法履行承诺。
- 在最近的绩效评估中，你的评级是否低于预期，但你没有解释为什么会这样？你可能选择了一笔带过，因为担心老板可能会说一些你不爱听的话。

- 你最近是否经常抱怨，而不是对你的领导提供帮助？虽然你并不是故意的。不过，你似乎犯了一个常见错误，那就是把老板当成了朋友。

第四个迹象：你事事出错

你的工作报告被退回来，上面有大量批改，而且基本没做解释。你和大多数员工一样接受修改意见，却不问自己为何在工作中频繁出错。这种情况一直持续，直到老板不再相信你能胜任本职工作。

你断定老板在吹毛求疵。你很沮丧，但你的老板可能比你更失望。他想找个时间和你谈谈。你把日期记在日历上，却不去考虑为什么老板叫你去他的办公室。

第五个迹象：老板不再回复你的电话、短信或电子邮件

你想和老板谈一件重要的事情，但是好几次都联系不上。你的电话被转到语音信箱，电子邮件也得不到回应。你的最后一招是发短信，但依然杳无音讯。于是你问同事，是否很难联系到老板。他们觉得你的问题令人费解，因为他们没有注意到老板在响应时间方面和以前有什么不同。

与此同时，你的老板可能正在思考如何解决你的问题。他现在

有效对话

应对沟通困难的7个原则

并不想和你说话,所以做了许多人在这种情况下通常做的事情。在鼓起勇气说出心中所想之前,他们避免任何交流。

不要犯大多数人都会犯的致命错误。没有消息或者不回应并不代表好消息。一旦意识到你的经理故意躲着你,那么就自己订个计划去见面。即使你担心这可能是你们的最后一次会面,也需要这么做。与其逗留在忐忑的处境中,不如确切地知道自身所处的位置。

请记住,有很多经理虽然对员工不满意,却避免直接解决困扰他们的问题,他们经常会回避沟通、转移话题或拖延时间,甚至祈祷问题能自行消失。如果下次你觉得老板与你说话的方式发生变化时,请想起这一点。

不要逃避,趁你们的关系还没有发展到无法修复的地步,赶紧采取措施。我们将在本书中详细介绍具体做法。

💬 创造适当条件:为成功对话搭建舞台

准备工作:就位、预备、开始!

为棘手对话做准备时,重点应该放在怎样从对话中创造价值上。要设想如何发展一种积极结果,不仅可以渡过眼前难关,还可以通过后续对话,朝着想要实现的目标前进。请谨记,先想好在哪里进行交流,以及何时处理某些特定情况。

地点、地点、地点

如果讨论的问题令人紧张时，那么选择的地点很可能会决定对方的回应，并直接影响预期的结果。

当我还是一名新来的部门主管时，与前任聘用的一名下属进行了一场非正式交谈。这名员工告诉我，他以为自己是被招来接替前任领导的。他还想了解对未来的一些口头承诺，具体而言就是薪酬、激励措施和以后的工作调动等。

起初，我被这种大胆和直接的谈话吓了一跳。我问了一些问题，以便更好地了解他如何看待未来的发展。这名员工说，该部门的前任主管告诉他，等他退休后，这名员工将接管该部门，并享受高管的长期供职福利和薪水，这些待遇与新职位是同步获得的。我询问了他提及的高管福利和薪酬的更多细节，他说应该和我现在的收入差不多。

我们都属于人力资源部门，由于工作性质，可以接触到个人资料和机密信息，所以我认为这名员工知道我的薪酬的具体条款。因此我犯了一个错误，虽然没有交代我的具体薪酬，但是把我在公司担任主管直至退休所能拿到的大致报酬说了出去。当我透露这些基本信息时，该员工要求我写一份书面文件，证明他以后也会享受同等待遇。我拒绝了，甚至说他不会得到这份工作，因为我现在在

有效对话
应对沟通困难的7个原则

职,而且不打算离开,也不想在任期内这么早就当"太上皇"。当我意识到说得太多,而他也得不到什么有用的回答时,我要求那名员工转移话题。这件事使得该员工和我的关系在日后的工作交往中,一直处于紧张的状态。

回顾过去,展望未来,通过那次对话,我明白了不能那样随随便便对话。我本该早点停止交谈,转而选择更专业的环境,进行更有条理的对话,而不是像在漫长的工作日结束后,钻进车里闲聊。

如此一来,我就会有时间考查哪些话可以说,哪些话不能说,准备更为深思熟虑的答复,并把重点放在员工身上——对话本该如此。

A.J.詹内斯(Jenness) 人力资源管理专家
Admiral/Fremont饮料公司副总裁/人力资源总监

和A. J.詹内斯一样,我也亲身体验过地点是如何直接影响谈话结果的。在我职业生涯的早期,我的一位经理决定和我谈一件让他心事重重的事情。他选择了办公楼的电梯。在只有我们两人乘电梯上楼的情况下,这里交谈是可以进行的。但随着电梯不断停顿,其他人走进来,原本富有成效的对话马上就土崩瓦解了。

医院的电梯里有提醒工作人员不要在电梯内讨论患者信息的标志,这是有道理的。有些对话不应该让别人听到。当有人在离你不到几米的地方谈论一件有趣的事情时,你会忍不住去偷听。所以,你在什么地点进行棘手对话,和你打算说什么一样重要。然而,很少有人对此给予充分考虑。

如今特殊的办公环境中，找一个适合进行重要工作对话的最佳地点变得愈发复杂。有些人的工作场所没有墙壁，也有很多员工是在虚拟环境下工作。

如果你的工作环境不太能保证隐私，那么试着准备一间带百叶窗的会议室。当谈及诸如解聘员工或将团队成员列入绩效改进计划等问题时，请考虑是否与远程工作的团队成员面对面交谈。

做最坏的打算，期待最好的结果

我通常认为自己是一个比较乐观的人。然而，当涉及具有挑战性的工作对话时，我发现还是做最坏的打算为好。这样的话，当事情对你更加有利时，也不会给对方造成伤害。

请看看以下情况。

"我们能谈谈吗？"所有可能的结果。 当你提出这个问题时，可能得到的回应方式并不多，例如：

√"当然可以！我很高兴你提起了这件事。"

这种情况就像绿灯刚亮起。请脚踩油门，按你的计划驾驭对话。

√哭泣，"为什么我有一种不祥的预感？"

这种情况下，你需要刹车减速。与一个完全措手不及的人交谈，不会让你有任何进展。最好暂停对话，让对方冷静下来。然后

有效对话
应对沟通困难的7个原则

评估继续交谈是否有意义，或者改日再谈。

√ "不，现在不是时候。"

那么你不得不完全停下来。你最好回答："好吧。我们来看看日历，定一个适合交谈的日期和时间。"

√ "不行。"

你等于撞上了一堵砖墙。如果老板拒绝你或者同事不配合，那你很难与他们争论。你必须决定想在多大程度上解决这个问题，或者是否可以听之任之。如果是你的直接下属这样答复你，你当然不能随便接受否定回答。此时，你要将询问语气转变为陈述："也许你没听明白我的意思，我们需要谈一谈。"

当气氛升温时，保持冷静。如果你急着切入问题的核心，可能会触怒对方。在这种时候，你将面临保持冷静的考验。有人认为，在做出回应前，数到"10"会有帮助。因为这几秒钟的时间可以让人喘口气，在头脑里组织有助于化险为夷的表达方式。还有人认为，积极聆听能很好地缓解紧张局面。重新构思对方所说的话并复述，这样可以向对方表明你在用心听。这时，对方通常会更愿意接受你接下来要说的话。

专注于倾听，而不是回应。通常，我们忙着思考怎么回应，以致无法认真倾听对方说的话。为了避免这种误区，你可以进一步澄清问题，比如："你能说得更详细一点儿吗？""你为什么会有这种感觉？"这将帮助你在谈话中保持专注。挑战自己，在棘手的对话中少说话、多倾听。你会惊奇地发现，当人们感觉到对方用心倾听自己的话时，对话会进行得更顺畅。

避免番茄酱卡滞综合征。有些年纪大的人可能还记得一则电视广告：当番茄酱慢慢从容器里倒出时，创作型歌手卡莉·西蒙（Carly Simon）演唱了《期待》（*Anticipation*）这首歌。我不知道你有没有这种感觉，总之我确信番茄酱卡住了，不会顺畅地流出来。但令我惊讶的是，事实上番茄酱一旦开始流淌，就没有停止。人们讨论一个令人不自在的问题时，往往很难畅所欲言。然而，一旦试着开始，对话就能持续下去。双方通常会来回讨论多次，所以有大把机会根据对方的回应来调整自己要表达的意思。关键是要有耐心，不要急着发言。能否成功处理问题，不在于你有多么高效，而在于你给对方留下什么印象。

期待成功

你是否在争吵中赢了对方之后，仍然滔滔不绝地讲下去？我会，而且我知道很多人也这样做过。因为我们太专注于表达自己的立场，证明自己是正确的。当对方说"好吧，我明白你的意思了。那么，下一步我们该怎么做？"时，我们往往不回答，反而查看自己的发言要点，生怕漏掉哪个内容没讲。

我在前面说过，要抱着最坏的打算去进行棘手对话。然而，这并不意味着你不应该为成功做好准备。经过丰富的练习和指导，你

有效对话
应对沟通困难的7个原则

将学会如何在日常工作对话中，轻松应对复杂的情况。你还将学会察言观色，判断别人是否理解你的意思并支持你。

在第1章中，我们将探讨工作中应对棘手对话的第一个原则，即"信心"。我发现"信心"在我的咨询和辅导实践中有着特殊地位。有了信心的支撑，我们就能够以小搏大，展现自己的方式和他人对我们的看法都会发生巨变。这就是我从"信心"开始说起的原因。

学习要点

- 有时，人们需要一段时间才能明白他们的行为害人害己，甚至可能断送自己的性命。
- 很少有人早上醒来时会想"我怎样让别人过得很糟糕？"，在做出判断和采取可能令你后悔的行动之前，好好想想这一点。
- 没有说出口的话也会造成破坏，而且对方不知道风暴正在酝酿。也许心里藏着的话比说出口的话更伤人。
- 回避艰难对话已经发展成一种"流行病"。当决定是否开始一场具有挑战性的对话时，请考虑你是想要火上浇油，还是要控制情绪解决问题。
- 一场对话需要两个人平等参与，但是大多数艰巨的职场对话并非如此。与人交谈时，确保你不是唯一一个说话的人。
- 尽管你很想逃避即将发生的对话，但趁你们的关系还没有发展到无法修复的地步，赶紧采取措施。

引言
有效沟通的7个原则

- 准备工作很重要！当准备与他人进行深入交谈时，请仔细考虑会面地点以及时间安排，因为这两个因素都会对对话结果产生显著影响。
- 做最坏的打算，期待最好的结果。当别人问起"我们能谈谈吗"时，要考虑可能发生的所有结果（包括好的和坏的），准备好回应方式，以确保对话尽在掌握之中。
- 不要忘记为成功做好准备。准备迎接这一刻，这样你就不会说得太多，而只会说该说的话。

相信自己，相信对方

有效对话
应对沟通困难的7个原则

通常情况下，如果你信心十足，那么棘手的对话就能顺利进行，所以我在本书中选择"信心"作为首要原则。在本章中，我们将探讨自信以及相信自己和相信他人之间的联系。我将介绍不自信的一些表现，并且提出改进的建议，还会讨论心态和信念对行动的影响。我希望随着不断挑战自我，你可以勇敢面对势在必行的对话，从而对自己处理棘手工作对话的能力重拾信心。

恐惧和自信是形影相随的，进行具有挑战性的对话时尤其如此。很多人担心自己会把对话搞砸，让事情变得更糟。但我们的恐惧往往是毫无根据的，只是我们脑海中的声音或肩膀上的"守护神"告诉我们的谎言。诸如："这件事不会顺利的。""你凭什么认为自己是行家？""这个人永远不会改变。"简而言之，不相信自己或与你交谈的人，这就是你逃避很多重要对话的原因。你的想法是：何必自找麻烦呢？于是你没去找这个麻烦，但这可能导致其他一系列麻烦。

你脑海里的声音是一种自我保护反应（即使你不需要保护），这是由自我怀疑引起的。举个例子，你想请求老板给你晋升，你觉得自己理所应得。然而，你脑海里的声音说："你在开玩笑吗？你确实很好，但没有那么厉害。""如果你足够有能力，老板早就给你升职了，不是吗？"这个声音想保护你，使你不会因为没有得到

第1章
信心：相信自己，相信对方

晋升而自尊心受伤害。因此你没有去找老板。但是，当你的同事被提拔，尤其是他成为你的新上司时，你就会后悔自己当初的决定。

你脑海里的声音就像指路标，但只会指向一条自我怀疑之路。简单地说，你不相信自己，或者你与将要交谈的人之间没有建立信任关系。现在的目标是消除（或者至少明显削弱）自我怀疑。要树立自信，你必须改变思维方式，以开放的心态尝试不同的道路，同时必须愿意冒风险。在本章中，我们将设定一条新的路线，其最终目的地是一条叫作"信任"的道路。

💬 本应该，可能就，也许会

作为一名高管教练，我经常听客户讲述他们与员工、老板或董事会成员的对话。我发现同一对话往往有不同版本，他们首先告诉我所发生的事实，然后会说起他们想象中的对话。通常，许多人觉得自己有必要解释另一个版本，那就是他们希望说的话。我听到了很多变体：本应该，可能就，也许会。这些"马后炮"的想法使人筋疲力尽，随之而来的是挫败和后悔的感觉。听起来是不是很熟悉？

下面讲一讲我的客户唐（Don）和他的上司凯瑟琳（Catherine）之间的一次对话。唐说："几天前，我的上司凯瑟琳把我叫到她的办公室，对我大发牢骚。"在这个案例中，唐对自己的事后猜测使本来艰难的对话变得愈发糟糕。后面，我会告诉你如何避免这种

有效对话
应对沟通困难的7个原则

情况。

  凯瑟琳：我本以为周五早上到达公司时，你的报告会在我的办公桌上，但是没有。因此我别无选择，只能在没有任何调查结果的情况下，参加行政领导会议。当首席执行官问起我们报告中的数据时，我感到无地自容，因为我没有什么数据可以分享给他。

  唐：我们从未收到你发来的收益数据，所以无法完成报告。本周早些时候，你交给我们另一项任务，并指示我们把它做好。你知道我们人手不足，招人申请早已放在你桌上，但没有你的批准，我们不能招聘任何人。

  经过一番思考，唐断定自己没有处理好与上司的关系。唐接着告诉我，当时他应该说些什么。

  唐：我当然能理解你为何感到尴尬，因为你没有可用的信息来答复首席执行官提出的问题，对此我深表歉意。周三时，发现我们仍然缺乏完成报告所需的收益数据，但我没有及时来找你，对此我负全责。这件事给我上了宝贵的一课，我可以向你保证这种情况不会再发生。

  唐和上司之间的口角使情况变得很糟糕。因为他的经理想听的不是借口，而是他的道歉，还有不会让她再次陷入这种窘境的保证。

第1章
信心：相信自己，相信对方

在"再来一遍"式对话中，唐对未能如约交付任务承担了全责。他为连累凯瑟琳在执行团队面前出丑而向她道歉，并发誓以后会努力避免这种情况。在我看来，唐的这些话击中了问题的要害。他说得很有道理，既然知道该说什么，但并没有这么说。这是为什么？因为他没有足够的信心去做该做的事情，而脑海中的声音干扰了他的判断。那个声音说："不惜一切代价保护自己，不要做替罪羊。"结果，唐竭尽全力推卸责任，然而这对他没有好处。相反，他本应该寻找与上司重建信任的方法。值得一提的是，之后唐花了很长时间，才消除了那次错误带来的不利影响。

💬 新数学：为什么对不上

我从学校毕业已经有很长一段时间了，不过，我还记得"新数学（new math）"这一概念。"新数学"大概指的是处理问题的更具创新性的方法，其答案与利用"旧数学"算出来的答案相同。但无论你用哪一种数学，算式1+1就是等于2。不过事实真的是这样吗？

我在前文提到过，参与职场对话的人虽然只有两个，但有时候会听到三四个人的声音。坐在人们肩膀上的"守护神"会耳语一些蛊惑人心的话，比如："天哪！你不会真想这么说吧？""你只是一个装腔作势的家伙。大家都知道你不会管理。"这种时候，1+1可能等于3，甚至等于4。

有效对话
应对沟通困难的7个原则

有些人能很快让脑海中的声音或肩膀上的"守护神"安静下来。还有一些人因为担心别人的反应而难以说出自己的想法。如果让这些悄悄话在自己的头脑中不断循环"播放",那么可能会严重影响心理健康。因此我们必须在这些内心对话摧毁自己之前,按下"停止"键。

💬 脑海中的对话存在什么问题

我可以花几个小时自言自语,不知道别人是不是也这样。对于一场对话,我很容易想出一堆理由来解释为什么不想去或应该去。如果给两种选择打分,主张不去的一方通常会获胜。

我觉得你脑海中的对话应该是这样的:

- 这类对话针对的是说者,而不是听者。我的意思是,我们从不考虑别人会对我们心里想说的话做何反应。我们只关注自己的想法和感受,以及怎样对别人施加影响。你会想出各种表达方式,使整个人热情高涨,以致有时候忘记具体主题是什么!这条内容引出了我的下一个观察结果。
- 单方面的自言自语是行不通的。如果对方不知道存在的问题,那么怎么解决你们之间的误解或分歧呢?根本不可能!

我们都体验过"沉默是金"的时刻。有人问:"你有什么心事想说吗?"你回答:"没有。"因为你还没有做好准备,或者你担

第1章
信心：相信自己，相信对方

心对方会对你想说的话做出消极回应。如果对方继续探问，你就会敷衍："一切都很好！""我不想谈这个。"从那以后，你们会尽力避开对方。

事实上，这就像下棋一样，你无法确切知道对方下一步会怎么走。最好先说出你的想法，然后听听对方的意见，这样你才能做进一步的打算。

将脑海中的对话付诸实践的最简单方法是把它们写下来，思考这件事是否值得进一步讨论。如果答案是肯定的，那么定下时间与对方谈谈。这时有些人可能会想：我不想对话，因为我不知道该说什么。这种情况并不罕见。下面是如何克服这一障碍的方法。做准备时，写下你想要表达的要点，甚至可以提前编写对话"脚本"。但不用牢记"台词"，也不用事先排练，听起来自然点儿就好。如果有需要，你可以随时查看笔记。如果你意识到某件事只是自寻烦恼或偶然现象，那么考虑忽略不谈。

💬 相信我：你为何要有自信

我偶尔会把家里的自拍录像拿出来看看。里面有一段镜头是我在纽约市皇后区的老街坊里肆无忌惮地蹦蹦跳跳的样子。那时我才3岁，既大胆又自信，相信自己一定能安全回到家。当然，总有一位家长在我身后几米的地方看着我。当时的我可能像"妇女使命组

有效对话
应对沟通困难的7个原则

织"[①]的成员一样天不怕、地不怕。

我不太记得从几岁开始,我相信别人超过信任自己。我只知道,自己从某个时候开始在寻求他人的认可,我认为那些人给出的意见比我自己的想法更重要。可能是在小学阶段,我第一次听到有人说"老师永远是对的"时,虽然我现在知道这种说法并不正确。

那你呢?信任别人胜过信任自己吗?为什么?我猜人们会经常征求你的意见。为什么他们更相信你的意见,而不是自己的?如果他们不看重你对某件事情的看法,还会问你吗?下次怀疑自己的时候,应该好好想一想。

我们大多数人很难做到自信,包括我自己。我们往往倾向于怀疑自己,或者回忆起一件未能如愿的憾事,或者直觉和理智告诉我们完全相反的情况。这些经历让我们难以相信自己,也给人际交往和工作关系带来挑战。也许没有人比我辅导过的一位客户更了解这一点。如果你读了她的故事,就会明白她为什么花大量时间质疑自己的一个管理决策——其实她知道自己不得不这么做。

下面是我客户的故事。

[①] 妇女使命组织(Woman on a Mission,WOAM):该组织通过具有挑战性的探险活动和动态营销活动,提高人们对战争中女性幸存者的认识并筹集资金,为遭受暴力和虐待的妇女提供支持,赋予她们权力。——译者注

第1章
信心：相信自己，相信对方

我们进入了最繁忙的季节，老板问我是否认识正在找工作的人。我立刻想到了我妹妹，她既有时间，又有技能，可以帮助我们度过高峰期。

我妹妹一开始工作，就因为粗心大意犯了一些错误。事情刚发生时，我就想过把她叫到我的办公室。但是我没有那样做，我一直在犹豫。每次告诉自己本周一定要找她谈谈时，脑海中有个声音就告诉我"再等等"。因此我找各种借口说服自己，诸如"我对新员工的要求太高了""我没有好好培训过她"。但她不断地犯错误，直到我再也无法睁一只眼、闭一只眼时。

我把我妹妹叫过来，随口问道："嘿，你有没有答复过这些客户？"她犹豫了一下，说："我不记得了。我去查一下。"然后她就不回复我了。她错过了很多最后期限，而且从不提前通知我。当我就此质问她时，她会说"我以为是其他人在处理这件事"或者"别担心，我会搞定的"。这种情况持续了好几个月。

当我们的一位敬业的老员工因为一直帮我妹妹收拾残局而威胁要辞职时，我终于被逼到了崩溃的边缘。就在那一刻，我意识到自己的优柔寡断和逃避现实造成了多大的损失。

我通过Zoom安排了一次会议，当时由于新冠肺炎疫情的影响，我们都在远程工作。我没有告诉我妹妹这次会议的议题，但我猜她已经知道了。我在电话里一开口就说："你的绩效一直不达标，影响了团队的其他成员。"然后，我列举了具体问题以及这对组织造成的影响。她对我所说的话没有提出任何异议。我接着说:"因此我别无选择,只能解雇你。"她说她能理解我。

距离那次谈话已经过去好几个月了,我仍然在想这件事。现在回想起来,我知道这是正确的选择。事实上,如果让我再来一次,我想我还是会雇用我的妹妹,因为她有相关技能,可以立即开始工作。但最重要的是我要有自信,相信自己能够处理好这种情况。我早就知道这件事不好做。然而,我还是让我妹妹一直工作了那么久,这对其他员工和我妹妹来说都不公平。

当我的客户第一次提起员工给她带来难题时,我很疑惑她为什么不愿解雇这名员工。当她后来透露那是她妹妹时,事情终于明朗了。虽然我的客户说,如果再来一次,她还是会雇用她的妹妹,但我会尽量避免这么做。员工管理是一项很有挑战性的工作。想一想你回家后怎么办?不得不向父母解释,你刚刚解雇了他们的女儿!

当我的客户发现她妹妹在工作中犯重大错误时,她开始怀疑自己。她后来对我坦言,她一直知道自己该做什么,但不相信自己有能力正确处理这种情况。如果她相信自己并在事态发展过程中及时应对的话,她所说的"一生中压力最大的时期之一"就可以避免。

我的客户与她妹妹交谈时,犯了一些常见错误。她对妹妹的话信以为真,尽管事实与她妹妹所说的并不一致。她也没有告诉妹妹,如果绩效水平一直很差的话,会发生什么。这里有一个处理这

第1章
信心：相信自己，相信对方

种棘手情况的好方法。

当意识到问题时，我的客户本可以把她妹妹叫到她的办公室，说："我需要你的帮助。好像有些客户的问题还没有得到解决。我们来逐一排查，看看哪些客户还在等待我们的答复。"当对话开始时，通过请求帮助，向对方表明你在寻找解决方案，而不是仅仅把问题归咎于对方。这时，她妹妹可能会敞开心扉，承认自己需要更多的支持。我的客户还可以问问她妹妹是否喜欢这份工作，以及她的技能是否与之匹配。

假设她的妹妹回答很喜欢这份工作，认为这是最合适的职位。那么，我建议我的客户深入了解，而不是只相信表面之词。也许她可以这样说："谢谢你！不过，我们必须讨论一下你的整体工作表现。过去几周内，你犯了三个重大错误，导致了严重的客户服务问题。"然后，我建议我的客户向她妹妹提供具体证据，证明哪些客户服务问题与她糟糕的工作表现直接相关。接着，继续推进对话，让她妹妹知道，如果某些方面的表现达不到标准，可能会导致更严厉的惩罚，甚至遭到解雇。这样一来，我的客户就说出了她的期望，即使她妹妹继续表现不佳，她也有了可以遵循的"路线图"。

面临棘手对话时，尤其是对自己处理问题的能力缺乏信心时，拿不定主意是很常见的。从上面的案例中可以看出，花时间制定"路线图"对解决问题非常有帮助，它将使你保持正确的方向。

偶尔怀疑自己是可以理解的，尤其是面对从未遇到过的情况时，很多人会心里没底。但如果你在行动中总是左顾右盼、踌躇不前，那么是时候做出调整了。你必须先承认自己的问题，这样才能加以纠正。一旦意识到你有畏首畏尾的习惯，需要做的就是相信自己。

克服自我怀疑的练习

这里有一些方法可以增强你的自信。我们从正确开始一天的生活说起。

以积极的心态开始新的一天

毫无疑问，我们都赞同"心态决定一切"这个说法。我可以根据个人经验证明，这句话并非只适合出现在公司餐厅墙上的励志海报中。我发现以自我肯定开始每一天的生活是非常有帮助的。自我肯定就是给予自己积极、具体的评价，这有助于克服自我贬低的消极想法。每天早上照镜子时，告诉自己一些美好的事情。佛曰："命由己造，相由心生。"我们心里想什么，就会成为什么。

下面有几条我很喜欢的励志语，可以帮助你以积极的心态开始新的一天。你也可以想出自己的励志语：

- 天下无难事，只怕有心人。
- 别人对我的看法，并不代表我真正的样子。
- 我足够好。

第1章
信心：相信自己，相信对方

- 我的命运我做主。
- 今天将是美妙的一天！
- 珍爱生命。
- 生活如此美好！
- 我聪明又能干。
- 我是一个很有用的人。

我们接着看看树立自信会带来哪些好处。

积蓄力量

从你认为自己擅长的事情开始做起，而不是处理手头最困难的任务或对话。假设你必须向团队中两名绩效不达标的员工反馈情况。其中一名员工很努力，但做事没有头绪。你现在已经到了不能再任由其发展的地步。

另一名员工不认可你的反馈，还将自己的不足归咎于其他人。这时你必须解决这个问题。但你还是犹豫不决，因为接受这个任务的时候，你就知道他们会有什么反应。

我听到有人建议"擒贼先擒王"，首先干掉最大的"敌人"，为胜利扫清障碍。但这个建议可能适用于那些迅速抓住问题核心，并善于化解险情的人。你的能力可能还没有达到那么高的水平，所以我建议你做大事之前，先处理小打小闹的问题练练手。

你应该先与做事没有条理的那名员工谈谈，帮助他更好地规划工作。解决这项任务后，再安排具体日程与另一名员工交谈。你可

有效对话
应对沟通困难的7个原则

以把这个日期推迟到一两个星期后,以便自己有足够的时间读完这本书。

果断行事

我的一位前领导很喜欢朝令夕改,他的这种行为差点把我和其他同事逼疯了。这位领导因为过度思考而浪费了大家很多时间。也许你用不着想象,因为这个故事听起来很像你的亲身经历。

果断行事就是在前进的道路上做出选择和调整。做事不要追求完美。通过参考过去的经历,来分析当前状况,比较风险与回报,得出有效决定,最重要的是相信自己。

下面的练习可以帮你成为一个行事果断的人:

- 写下你需要做决定的事情。
- 略记可以考虑的选项。(注意:后续不要返回这一步来添加选项。)
- 在每个选项旁边,记下该选项的所有利弊。
- 选择最佳选项。
- 现在,转入下一个决定。

进行有效对话固然重要,但培养自信使你更加受益。自信的人在与人交往及日常表现等方面,自然能做出更好的决定。一般来说,他们比那些总是怀疑自己的人更快乐,心理压力也更小。

不要害怕失败!挑选几个适合你的,能让你挑战自我的目标,去尝试一下。

第1章
信心：相信自己，相信对方

多做积极的自我暗示

我们似乎习惯于做消极的自我暗示。你心里有多少次告诉自己不够格，做不了某件事？你的脑海中是否经常浮现这样的想法："我在这方面很笨！""为什么有人会让我做这份工作/负责这个项目/升职？""我怎么敢跟他说这件事呢？"

想象一下，如果你把消极的自我暗示转变为积极的自我暗示，那么会发生什么。你不再说服自己不擅长做某件事，而是对自己说："虽然你不是最好的，但通过练习你可以做得到，甚至做得很出色。"你也不再怀疑为什么有人在工作和项目安排以及晋升方面会选择你，而是对自己说："他们庆幸有我在团队中。"——会有什么不同？

现在，让我们把这种想法应用到你一直在回避的一场对话中。你不再对自己说："哥们儿，这事不会成功的。"而是说："我已经做了充分的准备，我们应该能够进行富有成效的对话，并取得一些进展。"

下面有一些小贴士，可以帮助你树立自信。

写成功日记

每天下班前，写下你当天完成的一两件事情，并把它们记录在日记本上，或钉在公告栏上。不必担心你能否真正做好某件事，你是"法官兼陪审员"，一切由你说了算。

每天早上开始工作之前，回顾一下你的成功清单。这份清单能很好地提醒你有多能干,并帮助你积极地开始新一天的工作。

认可自己

计划赶不上变化,所以不要追求完美。当对话没有你想象的那般顺利时,花点儿时间分析一下取得的进展(如果有的话)。问问自己,你还可以采取哪些方法来达到更好的结果。

从值得信赖的同事、辅导员或导师那里寻求反馈。与你信任的人分享对话内容,听听他们的意见,这样可以防止你胡思乱想。很有可能,你的表现比预想的好得多!

💬 不自信的表现以及如何应对

不自信是可以看出来的,它有一定的表现形式。那么,我们该如何应对不自信?

你对自己的内在价值和作用缺乏正确的认知、理解或信任

也许你信任的某个人指责你不聪明或不能干。也许你的父母或老板不止一次打击过你。听取了关于你的任何说法,以致无法摆脱这些感觉。

首先,考虑缘由。那些人是不是为了获得自我满足?是不是在通过贬低你来抬高自己?他们有没有受过精神虐待?你征求过他们的意见,还是他们主动给你反馈?最后一个问题最关键,因为未经

请示的建议源于提出者，而不是听取者。

过一段时间后，你还认同他们的观点吗？如果答案是否定的，那就卸下你的包袱。我将在本章中详细介绍如何做到这一点。如果你仍然不确定这些人对你的评价是否真实，或者认为你的自我形象还是负面的，那就寻求专业人士的帮助吧。

事事听从他人

会议上讨论问题时，你明明知道答案，却等着别人先发言。因为你担心如果大家都不赞成你的想法，自己会很难堪。我的一些客户在会议上总是听从他人的意见，然而他们发现这种行为限制了职业发展。与世无争，任由别人抢走你的风头，这种心态害多利少。

下次开会时，如果遇到你擅长的话题，问问自己："我说出来又如何？难道会发生什么不好的事吗？"然后，果断发言。毕竟，不会有人朝你开枪。你要说的话很可能正中问题的关键，或者成为另一个值得考虑的想法的跳板。

相信别人胜过相信自己

你知道自己是正确的，但只要有人提出质疑，你马上就会屈服。

你担负某项职责是有原因的。总有一些人能从你身上看到价值，决定雇用你。如果你不认为自己配得上这份工作，那么别人怎么会相信你？无论是同事、上司还是下属，下次有人挑战你时，请

有效对话
应对沟通困难的7个原则

暂停一下，数到"10"，然后问自己一个问题："有什么证据证明他是对的，我是错的？"如果你仍然认为自己很可能是对的，那就准备好陈述你的理由吧。这里有一些开场白，你可以用来树立自信并开始讨论。

- "我能理解你为什么会这么想。我以为我讲清楚了，也许并没有。"
- "我明白你的意思。不过，你有没有考虑过……"
- "请告诉我，为什么你认为这是最好的方案？"
- "我对你的观点很感兴趣。如果可以的话，我想继续和你探讨。"
- "谢谢！你的想法很有趣。不过，这些数据支持了我的调查结果。我们再深入讨论一下吧。"
- "你知道我一直很重视你的意见。但这一次，如果我不慎重考虑，那我会失职。"

鲜少尝试新事物

你上一次走出舒适区，挑战自我是什么时候？如果你思考一两分钟还没想到，那么这表明你不够自信。

有些人习惯于循规蹈矩，认为充分了解自己就避免冒不必要的风险。然而事实恰恰相反。相信自己意味着愿意走出舒适区，尝试新事物。

第1章
信心：相信自己，相信对方

记得我第一次（也是最后一次）玩滑翔伞的情景。当时，我在澳大利亚结识了几个新朋友，并和他们一起出去玩。他们邀请我去看他们滑翔。我爽快地答应了。开始，我在一旁看着他们和教练一起练习。过了一会儿，他们飞到了对面的山上。我觉得这看起来很酷。这时，教练转向我，问我要不要试一试。我找不到拒绝的理由，于是就答应了。我很有信心，觉得不管怎么样，我都会安全的。

我猜你会想象这是一个英雄无畏远征的故事。然而事实刚好相反，我一起飞，风就开始刮起来了。我遇到了侧风，从山坡上滚了下来。结果我的身体被摔得有点儿疼，但自信心所受的伤害更大。但不过也没什么大不了，我可以活下来迎接新的一天。

正如我刚才所述，人生经历造就了我们。你的大胆举动可能是勇敢地反抗老板，告诉他你无法容忍他对你说话的语气。或者你不得不解雇一个员工，而他是你的朋友，这不是你所希望的结果。不过，当你们在教堂见面时，这位前员工仍然向你挥手问好。

即使在前进的路上遇到不少挫折，我们也比自己认为的要好。勇往直前，走出你的舒适区吧。当你开始获得一些实实在在的成功时，恐惧就会慢慢消失。卸下你的包袱，轻装上阵。现在，你不觉得自己更轻松、更灵活了吗？

有效对话

应对沟通困难的7个原则

💬 用自信来驾驭棘手对话

还记得你第一次去健身房练举重的情形吗？当时记得我自以为能承受很大的重量。好家伙！第二天，我浑身酸痛。不过，身体的不适没能让我退缩。在接下来的日子里，自我意识又驱使我去健身房。随着日复一日的锻炼，我的身体越来越棒了。

没有什么灵丹妙药可以增强你的内在信心。这可能是一件好事，毕竟虚假的承诺于事无补。增强内在信心的方法是确定一个事项并长期坚守，关键是多投入。我们都知道有健身房会员卡的人很少去健身。当然，这些人也想知道为什么他们的健康目标没有取得进展。下面讲述一位高管利用自信，成功冲破一次高风险对话的真实故事。

信心与信任

如前所述，如果我们与别人没有信任关系的话，对话可能会中断或偏离主题。这里有一个例证。

我在执法机关工作了29年，其间学到了很多东西。在职业生涯的中期，我被提拔为上尉。作为以男性为主职场的第一位女性领导，建立信任关系是我的首要任务。在新的工作环境中，我的"敲门砖"是根据风险评估分析和警察职业的紧迫性，调查和处理面临

第1章
信心：相信自己，相信对方

的问题。在人事方面，我觉得花时间熟悉员工，从人事档案中了解他们过去的表现，并与员工融洽相处，逐渐建立紧密联系是一个很好的策略。从我的个人笔记中可以看出，这种方法使我的表现大有长进。

我的副手是一名中尉，在我上任之前，由他负责监管。我很快发现，他并没有认真对待自己的临时职位。在准备阶段，我提前了解到他们不能按时完成重要的报告，缺勤率很高，对轮班时间缺乏监督，士气低落，而加班费远远超出了预算。起初我仍然认为可以采用我原来的方法，但受到上级的压力后，我不得不做出艰难的改变，从建立关系转为施展权威。上级领导期待立竿见影的效果，这让我措手不及。我刚刚被提拔，还在试用期。第一天，我与员工们相互寒暄，做完自我介绍后就立即直奔主题，把中尉叫到我的办公室。

他不知道"危险"正在逼近（这就像火车正驶过来，而他坐在铁轨上）。我对咨询工作并不陌生，但不善于指挥别人。我说："要让主管们工作起来，不能让大家都一起休假。我需要你确保监督他们的加班情况，如果他们没在上班，这很难做得到。缺勤率很高，因为没有人被追究责任。这在很大程度上源于领导的缺失，现在大家都懒懒散散，因为没有人给他们施加压力。"

他靠在椅背上，睁大眼睛看着我说："对不起，我们这里已经好几个月没有上尉了。你不知道我得应付多少事情。你一来就跟我说这不对那不对，还叫我赶紧做好。我知道现在确实很乱，但你不知道究竟发生了什么事。"我没有被他的语气吓倒,而是积极思考接下来要说的话。"我也不想第一天就兴师问罪,而且你说得对,我需要一段时间才能了解指挥部和这里发生的事情。所以,需要你和我一起解决这些问题。这是我的工作,我们有责任尽快做好。你能做到吗?"沉默片刻后,他选择屈服,并接受了任务。

我没有来得及与我的中尉建立紧密的信任关系,但我能够为未来的收获播下种子。我的方法是短视的,直到当他有勇气与我分享他的感受时,我才花时间认真倾听。我可以选择敌视或同情。虽然我们身经百战,但需要思量:是使我们的关系摇摇欲坠,还是团结一致地向前迈进,在更大的战斗中立稳脚跟。我觉得领导者的成功离不开伙伴的志同道合,离不开集体的团结协作。

乔妮·雷迪克(Jonni Redick)

JL商务咨询公司(JL Consulting Solutions)总裁

可惜,当你不得不进行一场艰难的工作对话时,并不总是能够掌握适当时机。如果乔妮等下去的话,她有可能失去其他团队成员的尊重,部门内部的混乱状况可能继续恶化,从而置公众于危险之中。她必须权衡风险,考虑清楚是让事态发展下去,直到她与部下建立信任,还是立即采取行动。

能够对部下直言不讳,这是乔妮做得好的地方。她坦言自己的期望,并问他能否胜任。通过这样做,可以迅速让这名员工与她站

第1章
信心：相信自己，相信对方

在同一条战线上。这样，他们能够共同解决拖累部门的问题。

如果你处于类似的情况，我建议你一发现问题就立即进行对话。大多数领导者会等待，希望甚至祈祷事情会自行消失，但这种情况很少发生。

你应该与员工坦诚相待，这正是乔妮所做的。也许在不知不觉中，她开始了与这名员工建立信任关系的过程，在关系发展的早期，她就接受了这一艰难挑战。

💬 信任：一切关系的基石

你是否心甘情愿地为你不信任的人做过事情？关键词是"心甘情愿"。当然，我们都做过，因为不得不做。但我们通常不会全心全意地付出，而是只做最低限度的事情。现在，把这一情况与你信任和尊重的人要求你做事进行比较。你很可能会按照他们的要求去做，甚至愿意多做。当你在工作中与员工、同事或老板进行具有挑战性的对话时，互不信任可能就是对话失败的主要原因。

信托银行

许多年前，当我的女儿莱克茜7岁时，我丈夫罗恩带她去银行开了一个储蓄账户。罗恩打算利用这次银行之行，给莱克茜做财务管理方面的教育。他还想让莱克茜了解复利背后的理论，以便她养成从小储蓄的习惯。结果，这件事给我们上了宝贵的一课。

银行经理解释了如何办理储蓄，包括介绍利息和银行费用。当时，储蓄账户的利率徘徊在6%左右，按现在的标准来看，这个利率已经很高了。经理接着说，他们将从她300美元的储蓄账户中，每月提取8美元作为服务费。

我丈夫告诉我，当经理继续说下去时，莱克茜显得很困惑。她无法理解要付钱给银行来保管她的钱，而且每个月的费用远远超过利息收入的现象。她对她父亲说："我为什么要这样做？这是在赔钱。"

我丈夫不知如何回答，莱克茜问得没错。银行经理没有与莱克茜建立信任关系，未告知一旦莱克茜账户里的钱达到一定金额，这笔费用就会消失。于是，莱克西做了任何其他聪明的投资者都会做的事，她拿起储蓄罐离开了，把钱存进了一家为年轻储户提供免费账户的银行。

我做辅导时，经常提到这个信托银行的例子。我向我的客户解释"信托账户"的重要性、如何"存款"，以及账户里没有足够的"余额"可以取出时会发生什么。我是这样告诉他们的。

你永远不会知道自己什么时候需要别人的帮助。如果你曾经在他们的"信托账户"里存了一笔钱，那么你很有可能在需要的时候取到钱（按要求提供一些东西，并让对方同意）。但如果账户是空的……嗯，你猜猜对话会是什么样。

第1章
信心：相信自己，相信对方

以下是建立健康的"信托账户"的十种方法：①以诚待人；②索取之前，先付出；③说到做到；④在会议中，主动支持别人；⑤别吝啬你的赞美；⑥如果你没能信守承诺，在对方发现之前主动坦白；⑦将功劳归功于他人；⑧有错就要承认；⑨诚恳道歉；⑩自愿伸出援手。

现在就让我们把这个概念应用于工作中的常见情况。其中一个场景中，求助者没有建立信任关系，就像取钱没有足够的余额。而另一个场景说明了未雨绸缪的重要性。

布置场景

你想在公司的旺季请假，而你做这个工作还不到一年。你需要说服你的老板，让她相信你可以在走之前完成所有的任务。

场景一

几个月前，你的一位同事意外请了病假，导致老板不得不匆忙填补这个职位。为了帮助老板度过困难时期，你主动加班加点，甚至周末也来上班，同时还做自己的本职工作。

你在与领导建立信任关系方面做得很好。你对老板说："我知道我在这里工作的时间不长，还达不到法定休假条件。我也知道十二月正是我们部门一年中最繁忙的时候。不过我还是想问一下，能否给我几天假，让我在节日期间探亲？我可以在周末之前回来上班，把时间补上，而且我保证在休假前把手头事情做完。"

因为你与你的老板建立了信任关系，而且你很好地陈述了请假理

有效对话
应对沟通困难的7个原则

由，包括你在离开前完成工作的承诺。所以，你的请求被批准了。

场景二

你的老板把团队成员召集在一起，告知你的同事因病休息。她要求志愿承担一些任务，而你在低头假装做笔记。在会议上，你的老板透露她很担心某些工作可能无法按时完成，因为你们的团队少了一个人。你说："是啊，我要做的事太多了，我甚至不知道自己能否完成分内的所有任务。"几周后，你去找老板说："我知道现在是我们的旺季，但我确实需要请个假。我想在下周二和周三休假。你能批准吗？我会尽力完成我的待办事项。"

你的请求被拒绝了，这并不奇怪。因为你没有在老板的"信托账户"中存入任何"存款"，她没有理由相信你在休假前可以做好所有的工作。事实上，她断定你做不到，因为你说过没有足够的时间来处理自己的任务。而且，你在提出要求之前也没有付出什么。从中可以吸取的教训是，当信托账户中没有任何余额时，你将无法取款。这条规则既适用于银行业，也适用于商业。

在下一章中，我们将讨论第二条原则——澄清。推进对话之前，有必要明确你希望从对话中得到什么。

学习要点

- 对话结束后很多人会想：本应该……，可能就……，也许会……。这些"马后炮"的想法使人筋疲力尽，随之而来的是挫败和后悔的感觉。

第1章
信心：相信自己，相信对方

- 单方面的自言自语浪费时间，而且毫无意义。除非你和别人对话，否则你不可能知道他们会说什么。

- 写下你想对某人说的话。然后，问问自己这件事是否值得进一步讨论。如果答案是肯定的，那就安排一个时间和对方谈谈。

- 如果某件事只是自寻烦恼或偶然情况，那么考虑忽略不谈。

- 如果你不相信自己，那就不要指望别人相信你。

- 想要增强自信，多做积极的自我暗示，写成功日记，并认可自己。

- 不自信的表现包括：不相信自己的内在价值和作用，事事听从他人，鲜少尝试新事物。克服不自信的方法是增强你的内在信心。

- 注意到自己的成功，你比你想象的要好得多。

- 为了增强你的内在信心，以自我肯定开始每一天的生活。从你相信自己能做好的任务和对话开始，积蓄力量，逐步应对更具挑战性的情况。

- 当你在对方那里没有足够的信用时，从"信托账户"中"提款"会导致你们的关系"破产"，而且可能永远无法恢复。

明确提出观点，并虚心倾听

有效对话
应对沟通困难的7个原则

　　生活没有目标，就像航海没有指南针，永远无法到达目的地。处于困境时，必须在进行对话之前明确你的目标。因此，我选择将"澄清"作为在工作中驾驭棘手对话的7个原则之一。请记住，必须确立正确的目标，并考虑许多因素，这将有助于你应对高风险对话。做最坏的打算并期待最好的结果也很重要，我将在本章中详细解释。我们还将讨论评估准备情况的必要性，以及如何远程处理棘手对话。我们将更充分地探讨如何在气氛升温时保持冷静，以及如何让别人听明白自己说的话。最后，我们将在本章的结尾讨论"为什么力求正确，却得到错误的结果"，以及如何避免这种情况。

💬 把话说清楚

　　你有多少次和别人聊天后，脸上带着困惑的表情离开？或者当会议可能已经持续了半小时，甚至更长时间，但你仍然一头雾水？

　　也许在这次会议上，你的老板把你列入了绩效改进计划。他说得太快了，你的脑子却跟不上节奏。或者你的同事要求你给他们一些帮助，但不确定具体让你做什么，他们只知道可以找你帮忙。你可能拒绝他们的请求，因为你不知道这要花多少时间。或者更糟的是，即使你没有完全弄明白，也只是为了摆脱这种令人困惑的交流而随便

第2章
澄清：明确提出观点，并虚心倾听

答应了。后来，同事对你很失望，因为你没有能力或时间帮忙。

大多数会议都是不着边际的讨论，因为人们直到开会前最后一分钟才知道要开会。有些人在会前从来没有思考过会议中讨论的话题，这解释了为什么散会时人们经常困惑地摇着头离开。25年前的我就是这样的。说一说那时发生的事情吧。

我们公司的一位合伙人突然来找我，对我大发雷霆，抱怨他不满意的各种问题。他来去匆匆，根本没有给我任何询问的机会。我心想："这都哪儿跟哪儿啊？"并偷偷骂了一句："真是个____！"（这个空由你来填）。那天晚上回到家后，我一遍又一遍地回想白天的事情。不用多说，那一夜我睡得很不安稳。

第二天早上，那个人走进我的办公室，问我有没有空。我说："当然有。"然后，他做了一件比我们前一天的"聊天"更让我吃惊的事。他向我道歉，说他回家后，他把这件事告诉了他妻子。她骂他是个____（正是当时我心里想的那个词）。我对他说，她说得没错。真的，她完全正确！

他接着说，他当时没有考虑到底要说什么，也没有想过我会有什么反应。因为他自己也不清楚我们对话的目的和结果。但是他的道歉迟了一天，因为前一天晚上，我已经决定放弃这个岗位。虽然我没有离开那家公司，但是不再与他共事了。

那次令人难忘的对话已经过去25年了，但我还是时常想起。人们经常和我说起类似的故事，这表明我们的职场对话总是缺乏清晰明了的一面。如果没有把话说清楚，会发生什么？下面是我的一位客户分享的真实经历。

两年前，我们单位聘请了一位高管。刚来的几个月里，他表现得很积极，对会议主题都很了解，并提出了很多想法。在会议中给他分配任务时，我们征求过他的意见，并希望他能跟进，但他没有做到，而且给他的任务也一直得不到具体落实。由于他的不作为影响了同事们，大家都期待着他的跟进，需要他的参与。

但是过了一段时间以后，他的工作不见实效的问题仍然没有改变。

后来，我在办公室里和他进行了一对一的对话，讨论了他的工作表现和对组织的承诺。我说："你对自己的看法和同事们对你的评价之间，似乎存在明显的脱节。"他说："我不明白，我想知道具体是什么。"我列举了一些例子："邮件中说明的解决方案没有得到你的后续协助，缺乏对关键项目的跟进，做事半途而废，而且没有预见性。"我问他是否喜欢这个职位。他说喜欢这个职位，但没有想到自己给别人留下了这种印象。于是，我们决定一起改正他的缺点，如果在4个月内仍得不到解决，我们将进一步讨论他在组织中的去留问题。

在那次提出改正缺点的一对一对话中，我对他的期望是履行职责。但是，他并没有听明白这一点，我也没有说清楚。现在看来，那次对话主要谈的是他对组织的承诺和工作表现。我应该把缺乏跟

第2章
澄清：明确提出观点，并虚心倾听

进和后续协助的行为，直接与他作为一名团队成员应担负的职责联系起来。如果我更坦率的话，也许能避免现在这种难以应付的局面。在那次谈话之后，情况继续恶化，结果同事们和上级主管都感受到了。

罗纳德·布赖恩特（Ronald Bryant）

西部和北部地区总裁

贝史帝健康医疗公司（Baystate Health）

从罗恩[①]的故事中可以看到，澄清是解决难题的关键。否则，你可能会像他一样，误入一条"断头路"。当员工说他没有意识到自己给人留下的印象时，罗恩应该及时发现他说的意思在传达过程中变味了。罗恩说的不是形象问题，而是糟糕的工作表现。如果他发现这一点，就可以把话题转到影响团队绩效的问题上来，这正是罗恩希望从员工身上看到的行为改变。他还花大量时间讨论这名员工对组织的承诺，却没有强调根本问题——缺乏后续跟进。他本来可以说得更直接一些："我找你谈话是因为你对工作缺乏跟进和关注，这给团队带来了问题，影响到了其他成员。"

有趣的是，罗恩当时认为已经表达清楚了自己的观点。现在回

[①] 罗恩（Ron）：指的是上述案例中的罗纳德·布赖恩特。罗恩是罗纳德（Ronald）的昵称。——译者注

想起来，他才意识到事实并非如此。为了确保他的信息切中主题，罗恩本可以在说明情况之后提出一些澄清性的问题，比如："你是怎样理解我刚才说的话？""这次对话结束后，你想做出哪些改变？"如果员工的回答有任何偏差，罗恩就有机会说："等一等，我想你没有领会我的意思。让我再说得具体一些。"然后，他可以说清楚他的看法以及期望。

为了阻止大批员工"逃离"组织去寻找更好的老板，我们必须准确明了地表达自己的观点。在对话中把话说清楚，这可以显著降低员工流失造成的成本。

确立正确的目标

对于即将进行一场棘手对话的人来说，他们的主要目标往往是尽快结束对话。如果这也是你的目标，那么事情如果没有按计划进行时，也不要感到惊讶。

请记得前文说过，你可能花足够的时间思考过如何表达观点，但和你交谈的人通常是第一次听到这个问题。

任何具有挑战性的对话成功与否，在开始之前早已确定，所以你要弄清楚自己想要什么样的关系。你是否把一次特定的对话看作消除误会并向前迈进的机会，或者只是一种形式——人力资源部要求你在解雇员工之前，必须就某个特定话题进行一定次数的讨论。

第2章
澄清：明确提出观点，并虚心倾听

你可能诧异为什么一定要知道这些。你在一场具有挑战性的工作对话中投入多少时间以及如何定位自己，会带来什么样的结果，这取决于你如何预测你们关系的发展。如果想和谈话对象建立更牢固的关系，你很可能会愿意投入必要的时间和精力来和对方达成共识。如果你只是为了结束关系而走形式，那么对话会更简短，措辞会更谨慎，以免员工向人力资源部交涉，或者更糟的结果是求助律师。

一旦确定了目标，下一步就是在对话之前，关注希望得到的结果。如果知道自己想要什么，那么就更有可能得到它。

我相信很多人有过和罗恩相似的经历。开始对话时，本打算沿着一条路走下去，但结果不知不觉走到了另一条路上。在罗恩的案例中，员工对组织的承诺和工作表现并不是他真正的目标，潜在的迹象指向了更大的问题——缺乏后续跟进，这对组织[1]产生了负面影响。

我认识罗恩很多年了，他不是个说话拐弯抹角的人。如果罗恩在交谈之前，对那名员工需要做出的行为改变有准确的了解，那么处理问题时，就会更加直截了当。他是一个很棒的领导者，我毫不怀疑他会利用这次机会学到经验。他不会再犯同样的错误了。

下面提及的若干问题，可以帮助你在解决工作难题之前明确目标。

---

[1] 上面案例中罗纳德·布赖恩特供职于贝史帝健康医疗公司，这是一家非营利性的综合医疗系统。——译者注

这次对话的目的是什么？

你想宣泄情绪，还是改善关系？你想让老板注意到你的贡献，还是仅仅提供一些信息？你希望同事停止或开始做某种行为，还是只想发牢骚？像这样的基本问题没有得到适当的考虑，就会导致许多对话没有进展或达不到预期目的。

假若某人的行为对你产生了负面影响，你完全有理由生气或失望。然而，责怪上司、同事或团队成员，后果可能难以想象。在采取措施之前，想一想可能对你们的关系甚至职业生涯造成的危害。如果有可能，选择一条不同的道路。

结束讨论后，希望对方具体做什么？

你是否参加过这样的会议：主持会议的人用大量时间列举不满意的事项，却从不明确告知接下来该怎么做。这类会议令人恼火，你可能会困惑地挠头，想知道会议的确切目标以及你的下一步行动（如果有的话）。

在要求别人与你进行一场尴尬的对话之前，先确定你希望对方具体做什么。确定下一步的目标后，你可能会选择一种不同于你的最初设想的行动方案。

我的意思是，假若你早已拿定主意，你就没有兴趣听别人对某一特定情况发表看法。你只想给他们一个状态更新，比如直接告知

第2章
澄清：明确提出观点，并虚心倾听

你对团队的收益数据非常失望。仅仅为了让别人听你说话而召开会议是无济于事的。要是这样最好还是用电子邮件传达你的信息，清楚地交代目前的情况和你的期望。如果有必要，你可以给那些想要澄清的人安排一对一的会议。

为了得到所追求的结果，愿意付出什么？

如果你回顾自己发起的一些令人尴尬的对话，你可能会注意到一种模式。也许你是那种习惯于睁一只眼闭一只眼的人；或者只有到了不能再沉默的地步，你才会提出意见；或者你不清楚对方会做何反应，但现在你终于准备好表明立场了。所有这些情况都可能需要你做出行为改变，这样才能得到想要的结果。

比方说，你意识到了自己也是造成问题的原因之一。为了得到想要的结果，采取行动之前，写下自己愿意做出哪些改变。假设你是一个讨厌与别人对抗的人。你对问题视而不见，假装一切正常，直到忍无可忍。你别无选择，已经到了刻不容缓的时候了。

这种情况下，为了确保从对话中得到想要的结果，你必须承认你的所作所为让你走到了这一步。你要向对方保证，以后你会更加坦诚。你可以承诺从现在开始，一旦出现问题，就会立即通知对方。你不会再等几天（或几个月）才把事情告诉他们。同时要求对方也这么做，如果他们觉得你没有履行承诺，就马上来告诉你。谈话接近尾声时询问对方，为了双方共同前进，你还需要做些什么。

有效对话
应对沟通困难的7个原则

如何将你的目标与同事的目标联系起来？

如果你们有共同目标，那么就有可能更快携手并进。寻找共同目标，这将帮助你以一种能够带来积极结果的方式组织对话。

假设你的经理反复提起你对她有多么重要。而你一直在耐心等待迟迟不来的晋升机会，现在终于觉得是时候采取行动了。因为你们有一个共同的目标——你的经理想留住你，你也想留在公司。鉴于这一点，你可以对经理说："我不想让你认为我对这份工作不感兴趣，我确实喜欢它。但是，如果我继续留在这个岗位上，我就不会觉得自己很厉害，我想你也不会。我们可否谈谈你之前提到的领导职位，还有我什么时候可以承担这一职责。"

现在我们来看看，如果你发现你们没有共同目标，那么在这种情况下会发生什么。你的经理希望你留在她的部门，因为你是很难被取代的，但你已经准备离开了。

你们俩意见不一致。你的经理希望你留在她的手下，而你希望为新的领导工作。你需要进行的对话是，向你的上司证明，让你获得晋升符合她的切身利益。我这么说是因为人们的行为是基于情感的。当人们发现对他们有利时，更有可能答应别人的请求。

鉴于这一点，你必须说服你的经理，让她相信帮助你升职会对她有利。你可以告诉她，如果你在这家组织里获得晋升，当消息传出去后，人们都说她是一个值得效劳的领导，很多人将愿意为她工作。高层领导会注意到她，这将使她在组织中赢得更多的尊重，并获得更多资源。当然，你也可以什么都不说，留在对你不再有吸引力的岗位上，或者找新工作。

为棘手对话做准备要考虑的四个因素

第一个因素：你和对方的关系

此前，我们简单谈到了这一话题。你与交流对象的关系是进行任何形式对话的关键因素，所以有必要深入研究。

你与某人接触并展开对话的方式，完全取决于你和谈话对象的关系。毫无疑问，你和认识多年的人接触的方式与上周刚认识的人会迥然不同。假设你和一个同事一起攻读研究生学位，并前前后后共事了好几年。经验告诉你，这个人并不喜欢给他"惊喜"。所以在进行"重要对话"之前，你最好多次提起当前主题，让他提前"适应"一下，否则这个人不会做出友好回应。

现在，假设你需要交谈的员工是你上周刚认识的人。这种情况下，你要小心翼翼地提出埋在你心头的话题。如果对话没有你希望的那么顺利，或者进展比预期要好，你会怎么做？想清楚这些会很有帮助。

第二个因素：对方首选的沟通风格

关于职场沟通风格的文章不胜枚举，为什么呢？因为快速识别他人喜欢的沟通风格，能够使你根据需要调整自己的沟通方式。那些能轻易解读交谈对象沟通偏好的人，在对话中的表现往往要比对此一无所知的人好得多。

我的一个客户现在就遇到了这种情况。她和我一样，性格直率，我们戏称为"纽约"风格（嘿，我也来自纽约，所以我可以这么说！）。她的"纽约"风格正在影响她与同事建立牢固关系，因为他们的沟通风格倾向于更加随意和间接（"加州"风格）。在高层领导会议上，她的团队成员喜欢闲聊几分钟后再开始讨论工作。如果当天的工作安排很难搞定的话，他们更会如此。而她喜欢开门见山，会议一开始就直奔主题。

我的客户尝到苦头后才明白，她急着先把事情搞定的做法弊大于利。我建议她，把经常沟通的联系人分成四类（见表2-1）。请记住，大多数人不会完全符合这些情况中的一个，属于某个特定类别的人也不会具备所有特征。这张表格只是一个参考指南，你可以用来快速评估别人的沟通风格，并相应地调整你的风格。

表 2-1　社会风格

推进型	友好型	表现型	分析型
高度的时间意识	关系主导	善于言辞	重视逻辑

第2章
澄清：明确提出观点，并虚心倾听

续表

推进型	友好型	表现型	分析型
目标明确	乐于助人	关注大局	重视数据和事实
注重结果	喜欢建立共识	不注重细节	注重流程
重视截止日期	深切关心他人	好竞争，有野心	有条不紊
力求速战速决	合作达成一致	渴望被别人认可	关注任务
果断坚定	彬彬有礼	健谈善议	认真仔细
固执	令人愉快	喜欢被赞美	多疑

这个指南有助于防止你犯这样的错误：试图和不想聊的人闲聊，或者拒绝想和你聊的人。不肯适应社交场合是一回事，但关系到你的营生时，那又是另一回事了。如果你花时间去了解别人可能采取的行为和反应，那么你能得到的回报就是缩短建立关系的周期。

让我们来看看一种广受关注的四象限行为模型，流行的DISC评估就基于这个模型。这种社会风格模型是以威廉·莫尔顿·马斯顿（William Moulton Marston）的研究为基础的。马斯顿认为，人们通常属于表2-1所示的四种社会风格中的一种。人们在特定情况下的反应方式取决于许多因素，包括承受压力的大小，以及与他们交流的人在谈话中的表现。

快速识别并调整你的风格以适应对方偏好的能力，将直接影响你处理不愉快的互动关系。

下面的示例说明了根据对方的沟通偏好做调整的适当时间及方式。

有效对话
应对沟通困难的7个原则

- 与推进型风格的人打交道时，避免闲聊。与表现型风格的人交流时，准备好忍受冗长的题外话。

- 与推进型风格的人交谈，应该简明扼要。与友好型风格的人交谈，信任必不可少，可以闲聊。

- 对分析型风格的人，摆出事实。对推进型风格的人，只说梗概。

- 向表现型风格的人提供负面反馈时，指出他们的缺点之前，应该先承认优点。

- 与友好型风格的人取得一致意见之前，不要试图让他们做出决定。值得注意的是，表现型风格的人表面上可能同意你的观点，因为被别人认可的愿望可能会阻止他们当面说出真正的想法。

- 推进型风格的人喜欢做决定，所以要准备好对他们（在谈话过程的早期）说："好的，我可以按照你说的做。"分析型风格的人花更多的时间来研究所有事实，所以可能需要第二次对话。

- 与分析型风格的人交谈时，用实例和证据来支持你的陈述。推进型风格的人则希望直奔主题。

- 表现型风格的人和友好型风格的人会讨论事情的原因和过程；而推进型风格的人不关心这些，他们只想知道下一步的行动计划。

第2章
澄清：明确提出观点，并虚心倾听

通过练习，你会更善于识别交谈对象的沟通风格，并判断如何最好地适应他们。久而久之，这一能力将成为你的第二天性。

第三个因素：对时机的把握

你有没有注意到，有些人对时机把握得恰到好处，而有些人却对周围的事情后知后觉。举个例子，在公司刚宣布效益大幅下降后，一名员工要求加薪。或者周五下午5点钟，你正收拾东西，准备回家过周末时，老板来到你的办公室，开始了一场讨论——你知道这会持续到晚上。

凡事都要考虑时间和地点，处理具有挑战性的对话也不例外。我们待会儿再谈地点问题。确定最佳时机时，少考虑自己，多考虑你要面对的人。比方说，你对老板处理某件事的做法感到失望。你决定要直言不讳地说出你的不满。于是你查看了他的日程安排，发现他要连续开会到下午两点钟。因为你急于进行对话，于是就抓住了下午2点后的空档。

根据你的时间安排，我几乎可以预测这次谈话的结果。你的老板会心烦意乱，因为他需要考虑如何处理那些等待他回复的电话和邮件。他甚至可能因为刚刚参加了一连串没完没了的会议而感到疲惫。现在不是对话的好时机。你需要帮自己一个忙，等老板不再忙的时候，和他约个时间——这样你会感谢自己的决定。

说到有效沟通，时机就是双向通道。你的老板或同事过来问你，是否有时间讨论一件重要的事情。但你没空，那么最好让对方知道现在不是好时机。你可以这样说："我知道你要说的事情很重要。我想全神贯注讨论你的问题，但目前我做不到。我们能不能今天晚些时候或者明天一早再谈？"

说到时机，我们往往低估处理敏感问题所需的时间。就拿那些可怕的"我不得不让你走"的对话来说吧。你进去的时候以为流程是这样的：你传达消息，对方思考片刻，也许会问几个问题，然后马上走人。30分钟应该够了，对吧？

然而这些讨论通常不是这样进行的。你可能为这次对话做足了准备，因为这无疑是任何一位管理者都可能遇到的最具挑战性的对话之一。但对于消息的接收者来说，他的生活完全被颠覆了。他们需要的时间很可能比你的预估要长得多。在这种情况下，你需要预留比正常情况更多的时间。即使多出几分钟空闲时间也无妨，我相信你能毫不费力地找点别的事情做。

第四个因素：地点

前文我们简要提到了地点。考虑到当今世界的工作方式以及未来变化的可能性，我们值得深入探讨这个话题。如前所述，你在哪里开会和你打算说什么一样重要。我去过一些会议室，在那里，我们能清楚地看到正在进行的敏感对话。我为那个哭泣的人感到难过，也为另一方感到遗憾，因为他们连拉一下百叶窗的意识都没有。

第2章
澄清：明确提出观点，并虚心倾听

如今找个私人空间并不容易。流行的开放式办公理念导致成群的员工在走廊里来回走动，整个公司找不到一个适合开会的安静处所。难怪，星巴克（Starbucks）的作用似乎延伸为有些人的办公场所。

我记得有一次在星巴克排队买拿铁时，无意中听到了一段对话——我真的不愿意听到那样的对话。在我旁边的桌子上，一位经理解雇了他的员工。我可以打赌，我能听到他说的话，其他人肯定也能听到，因为星巴克的桌子离得很近。我努力克制了自己，才没有走过去和这位经理谈谈我的想法（连同赠给他一本我写的关于领导力的书）。我承认我用手机拍了一张照片，并考虑过将照片和一张便条一起发给总部，报告我的所见所闻。因为那位经理的衬衫上有他们公司的徽章，所以很容易就能找到他的老板！

新冠肺炎病毒大流行彻底改变了我们的工作方式。疫情暴发之前，远程解雇员工或远程要求加薪被认为是失礼的行为。现在，通过Zoom或电话进行这些改变生活的对话方式已经被认为是可以接受的。我撰写本文时，还不知道"新常态"会是什么样子。然而，有一件事是可以肯定的。虚拟职场对话短期内不会消失，这将为曾经简单的"去我的办公室，还是你的？"这种地点决定增加了复杂性。当然，决定你们在哪里会面也许是不受你控制的情况。但如果有可能的话，在同一地点举行面对面会议，这更适宜于进行坦诚的工作对话。

有效对话
应对沟通困难的7个原则

💬 做最坏的打算,期待最好的结果

你无法预测一场具有挑战性的对话会如何发展,因此你需要做最坏的打算,期待最好的结果。这相当于规划一条替代路线,以确保能准时赶上一个重要会议,而你平常走的那条路很可能车水马龙。做会议计划时,列出所有可能发生的曲折。这样,你就能准备好应对任何异议。

以下是你很有可能遇到的四种交谈对象。

转移话题的高手

你试图交谈的人是转移话题的高手。他十有八九会把其他人拉入你们的谈话中来,以便将关注点从自己身上移开。他会说:"你为什么只说我的不是?别人迟到的时候,你从来没有说过什么。"或者"好吧。也许我的业绩不是很理想,但还记得上次我自愿为办公室举办过联合劝募协会(United Way)[①]的活动吗?"

对付转移话题者时,你最好坚持事实和自己的计划。你要这样说:"我不是来讨论你的同事的。我们要讨论的是你迟到太多的问题。在过去一个月内,你到达公司的时间远远晚于开始上班的时

[①] 联合劝募协会(United Way)是一个以社区为基础的系统,其组织遍及世界各地,目的是共同合作以确认社会的需求并协助解决健康与人类福祉的问题。——译者注

间。"然后，准备好让对方知道这些违规行为发生的具体日期和时间。

煽情专家

这些人为每一种情况都准备了悲伤的故事。正是这些人让"我的狗吃了我的家庭作业"这句借口广为流行。一旦你开口，他们就找出一个令人心痛的理由，解释自己为什么会陷入这种境地。原因可能包括"最近家里的事情让我焦头烂额"或"我的孩子在学校被欺凌了"。他们告诉你这些，是希望你能对他们心慈手软。

听着，我们都是普通人，生活总有不如意的时候。有时候，我们很难把事实与虚构区分开来。所以我建议你做善意的假设，先承认员工向你透露的困境是事实。然后，把对话引向你需要的方向。这里有一个简短的脚本，你可以直接使用，也可以做修改。"听说你的孩子在学校被欺负，我很难过。我相信这对你和你的家人来说，一定是很大的压力。但我们还是需要谈一谈……你想现在讨论这个问题吗？或者，我们可以把时间改到明天早上。"

泪眼婆娑的员工

你将要交谈的员工是一个非常情绪化的人。看到别人异样的目光，他们就能哭出来。因此，为这次会谈安排额外的时间。毫无疑问，你需要在对方激动起来时及时暂停。这种情况下，你要用同理心来推进对话。

如果与你对话的人开始抽鼻子或哭泣，请马上停止。你可以问："你需要一两分钟时间，让自己平静下来吗？"然后，安静地等待对方平复自己的情绪。当你感觉到对方已经镇定下来时，继续说下去。

推卸责任者

我们都认识一些对自己的行为不负责的人。其中一些人甚至可能在为你工作。当与那些从不为自己的行为负责的人交往时，明智的做法是把一切都安排好，确保你的事实和数据易于获得，因为你肯定需要这些东西。你要批评他们时，他们会说："我不知道你在说什么。""这事与我无关。你为什么要跟我说这些呢？"这时，你必须态度强硬地说："事实上，这事肯定与你有关。你看看，这就是我要说的意思。"同时，把重要证物拿出来。

有几次（尽管这种情况很少），我惊喜地发现，我一直拖延的对话进行得很顺利。我本来很担心，但没想到对方却说："你说得对。我没有全力以赴。""如果我表现得不配合，请原谅！那真不是我的本意。我应该做些什么来解决这个问题呢？"

我记得曾经有一次对话让我完全措手不及。我的一名员工叫莉拉（Lila）。她每天都在挑战我的忍耐力，变着花样解释为什么事情没有完成。当时，我作为一名24岁的年轻经理，尽力应付她的

第2章
澄清：明确提出观点，并虚心倾听

诡计。有一天，我终于觉得自己受够了。于是我把她叫到我的办公室，准备提出严正警告。当我气冲冲地开始说话时，她拦住我说："你说得没错。我能给你一百万个理由来解释为什么犯了那么多错误。其实我知道我可以做得更好。"我万万没想到莉拉会在我面前缴械投降。于是我把手里那一长条写着她的所有过错的清单扔到一边，让她主导了那次谈话。现在回想起来，我犯了大错。

莉拉和我分享了她的家庭生活和个人故事。我为她感到难过，所以放过了她，但反过来却狠狠伤了自己。她的行为变得更加古怪，这对我很不利。在接下来的几个月里，我一直担心她可能进一步损害我和她自己的声誉，所以好不容易把她赶出了组织。

如果能回到过去，我的做法会大不相同。当莉拉为她的所作所为承担责任的那一刻，我会说："谢谢你！现在请告诉我，你愿意做些什么来保证这些错误不再发生？"我会记下她所承诺的一切，并让她签字。我会清楚地告诉她，如果不信守承诺，接下来会发生什么。

最好的结局就在我眼前，只是当时我并不知道，也没有准备好应对这种意外突变。随着越来越善于处理棘手对话，你会更加坦然地面对各种可能性。你一直担心的对话比你想象得要轻松。你会把握时机，自信地说出要说的话。你不会担心对方是否会喜欢你，相反，你寻求的是彼此尊重。我做到了，我相信你也能做到。

有效对话
应对沟通困难的7个原则

💬 对话准备情况的评估

关于做准备的必要性,我们说过很多遍。然而,某些时候,你必须停止计划,马上行动。你可以用下面所示的"对话准备情况评估表",确定现在是否可以采取行动(见表2-2)。

表 2-2 对话准备情况评估表

根据说明,给以下每条陈述打分(1~4 分)	4= 完全有 3= 有 2= 没有 1= 绝对没有
我知道对方喜欢的沟通方式	☐
我考虑过对话可能发展的最坏和最好两种情况	☐
我很冷静,而且注意力集中,能够处理好这种情况	☐
我有数据和事实,有必要的话可以拿出来	☐
我已经准备好听对方要说的话	☐
我很自信,知道我能处理好这次对话	☐
我与将要交谈的人之间,有相互信任的关系	☐
我很清楚通过这次对话要达到什么目的	☐
对话结束时,我能明确说出我希望对方做的事	☐
我知道为了得到想要的结果,我该付出什么	☐
我知道我们的共同目标是什么	☐

续表

根据说明，给以下每条陈述打分（1~4 分）	4= 完全有 3= 有 2= 没有 1= 绝对没有
我已经充分考虑过现在的时机是否适合讨论这个问题	☐
鉴于环境因素，我已经选了一个合适的会面地点	☐

注：需要立即关注任何得分为2分或更低的选项！在进行对话之前，请在这些方面给予考虑。

资料来源：© Matuson Consulting, 2021. All Rights Reserved.

💬 远程处理棘手对话

没有人能够准确预言整个世界有一天将进入远程模式。这正是新冠肺炎病毒肆虐后的情况，它几乎给每个人都按下了暂停键。官方宣布疫情后的几天内，雇主们关闭了公司，没有来得及给经理们做培训，就匆匆让员工回了家。结果，很多工作任务经理们不得不亲力亲为。不过，在这次"实验"中，有些领导做得比较好。

忽然间，再也不能面对面交流了。我们一夜之间变成了Zoom和"微软团队"（Microsoft Teams）等软件的"专家"。电脑摄像机和环形灯等视频会议设备很快售罄，而且交货延期数月。我们只能凑合着用手头的东西，在某些情况下，几乎不可能看到所交谈的人的脸。真遗憾！你本来可以根据视觉线索来判断对话进行的情况，

有效对话
应对沟通困难的7个原则

但是，你现在无法读懂对方的脸。因为他们家庭办公室的照明还没有投入利用；或者因为网络连接不良，他们关闭了摄像头，只能使用音频模式。那该怎么办？你很快会适应的。

经验丰富的远程领导者知道，与员工进行棘手对话的需求并不会因为远程工作而消失。处理具有挑战性的远程交流的方式将影响你和公司的发展。你肯定不愿意像优步（Uber）一样，由于一次失误而登上新闻头条。2020年5月，优步在一段3分钟长的Zoom电话录音中，解雇了3000多名员工。参与那次会议的某个人录制了这段通话，并在网上分享。这一失误在全球范围内引起了强烈抵制。我之所以提这件事，是因为在某些情况下，了解不应该做什么和掌握应该做什么一样重要。永远不要忽视这一事实：因为与你交谈的人都应该受到尊重和值得同情。

一定要避免通过Zoom或任何其他网络平台讨论大规模裁员问题。事实上，那些有效避免大规模裁员的公司，能够成为人们喜欢为其工作、客户喜欢做生意的组织，它们的发展会比竞争对手遥遥领先。

有不少领导者已经远程工作了多年，这意味着我们可以从他们那里借鉴一些经验。下面这些需要考虑的问题可能与你已经习惯的面对面会议有所不同。

考虑地点和时区

在新冠肺炎疫情防控期间，许多人收拾东西搬家了，有些人搬

第2章
澄清：明确提出观点，并虚心倾听

到了不同的时区。公司领导们很快就会明白，通常定于美国东部时间上午9点召开的会议对西海岸的人们来说不再适用。安排会议时间之前，需要考虑参会人员所在的时区，尽量选择大家的注意力都能够充分集中于讨论事务的时间段。

此外，还要考虑一下员工所处的地点。现在很多人在家工作，隐私变得非常重要。如果有年幼的孩子在家里跑来跑去，或者配偶也在附近工作，那么员工可能会分心，可能无法完全领会你传达的信息。需要提前通知员工说你们的讨论最好在私下里进行。这样的话，他们可以根据需要，转移到安静的地方。

要求打开摄像头

有些人选择关闭摄像头，因为他们觉得看自己的图像会分散注意力。然而，在某些情况下，开着摄像头工作会更好。安排会议时，请确保让对方知道你希望开启视频会议功能。这将有助于避免可能出现的尴尬局面——还没有准备好"出镜"时，就被要求打开摄像头。

换位思考

虽然你觉得通过一封电子邮件就能轻松说明问题，但对收件人来说，这可能不是最好的方法。虽然你把心里的话写出来，感到如释重负，但是对方要琢磨你的邮件到底想表达什么意思。因为电子邮件的内容很容易被误解，不仅会消耗时间，还可能造成不必要的压力。所以，把你的手指从"发送"键上移开，转而安排一次对话，或者干脆给对方打个电话吧。

当气氛升温时保持冷静

在会议或棘手对话中，争论变得激烈时，特别是当一方所说的话完全出乎另一方的意料时，要保持冷静并不容易。我们都经历过这种情况：你被叫去开会，因为一些你觉得跟你无关的事情而受到指责。或者有人出乎意料地拿出"王牌"，改变了整个对话的性质。以致我们大发脾气，高声说话，不顾大局，而事情过去后感到既沮丧又后悔。这种情况并不少见，而且风险太大。那么，你该如何从头开始避免陷入这种险境呢？

注意引爆点迹象

每个人面对压力的反应是不同的。感到压力大时，有人会屏住呼吸，有人胸闷气短，有人心跳加快、颜面潮红、声音高涨，也有人突然沉默不语。

注意你的感受，同时也要观察交谈对象的反应。对方可能会坐回椅子上，交叉手臂，停止说话；或者身体前倾，开始对你恶语相向。一旦挥出第一拳，你可以清楚后面还有更多。在你还没有意识

第2章
澄清：明确提出观点，并虚心倾听

到的时候，一场火力全开的"拳击赛"就开始了。

试着暂时走出"拳击场"，花几分钟时间喘口气。当你感觉到双方的情绪已经平息下来时，再面对你的"对手"，冷静回顾问题，同时尽最大努力推进对话。

避免感情用事

这说起来容易，做起来难。然而，如果你想缓和你们之间的紧张气氛，就要提醒自己："这不是个人恩怨。我们完全是公事公办。"不要在别人反对你的那一刻，急于下结论。给自己一点时间来消化对方所说的话。退后一步，试着去理解对方的理由。很多时候，对方确实是为了你好。

我的一个朋友和我分享了她的故事。有一天，我朋友对团队中的一位经理说，在某些方面她需要改进。这名员工的反应使我朋友大吃一惊。她回答说，在她的成长过程中，没有人告诉过她需要在哪方面改进，包括她的父母！也许你也是在这样的家庭里长大的，在那里，你从不做错事，做什么都在行。你可能真的和你想象的一样优秀，但人人都有上升的空间。也许你自以为了不起，只是因为没有人敢告诉你不同看法而已。如果你和我朋友的员工一样，而你的老板也和你有过类似的对话，那么你要承认这样的可能性：因为的确在一些领域内，你只要稍做调整，就能变得比现在更出色。

如果你是对话的发起人，那么允许对方说一些可能不是他们本意的话。他们很有可能心慌意乱，思路不清，所以会不假思索地说出一些胡话，没有考虑这会对你们的关系产生什么影响。过几天，等事情平息下来后，再看看能否消除误会，让你们的关系恢复正常。

尊重对方的不同意见

现实生活中，你不可能总是同意别人的观点。但是，不同意并不意味着不尊重。"我们求同存异吧！"这句话肯定比"你疯了吗？"要好。"我重视你的意见，以前我也一直考虑你的立场。但是这一次，我根本无法同意你的观点。"这样说既表达了尊重，也表明你不打算改变自己的立场。

你也可以在赞同某些观点的同时，坚持自己的不同观点。这表明你尊重对方的意见，同时也为你导致分歧的一切行为负责。例如，你可以说："我知道你为什么会有这种感觉。如果我给你留下了那样的印象，我道歉。我会在以后的沟通中努力做到更加明确。"

如果处理得当，分歧会带来很多积极结果

在我职业生涯的早期，我在休斯敦的一家知名企业找到了一份工作。我开始工作还不到一周，就接到很多临时工中介公司打来的电话。诚然，我可能对那些打电话来招揽生意的人不够友好。说实

第2章
澄清：明确提出观点，并虚心倾听

话，我疲于应付新工作，他们的电话只会让我更加手忙脚乱。

有一位女士很能坚持，她叫梅拉妮（Melanie）。我猜她挑了个好日子，因为那天我同意和她共进午餐。午餐期间，她提出了一些我不太赞同的想法，但她仍然努力与我建立关系。多年后她告诉我，第一次和我见面后，她走进她老板的办公室，断然拒绝与我合作。幸运的是，她的老板劝她再约我一次。第二次见面时，我们找到了合作的方法。至今我们保持着好朋友的关系。如果我们没有努力解决分歧，这种情况就不会发生。

很多人没有意识到摩擦是一件好事。这表明对方有足够的兴趣参与讨论。现在把这一情况与随口同意的情况比较一下。后者并不关心你在说什么，他们只是想摆脱你的纠缠。

工作中的分歧也会带来更高的工作满意度，这听起来有悖常理。想象一下，如果你在一个不能提出异议的独裁组织中工作，让你做什么你就得做什么，那么你做的事情毫无意义。你就像庞大机器上的一个小齿轮，只是一个无名小卒。现在想象自己在一个鼓励并奖励员工提出不同意见的组织中工作。亚马逊（Amazon）等一些公司积极招募敢于挑战现状的员工。对于经营创新型企业来说，鼓励新想法甚至提出不同意见是至关重要的。这种职场环境比那些只要求听命行事的地方，赋予员工更大的积极性。

有效对话
应对沟通困难的7个原则

💬 你现在能听我说吗

曾经有一则烦人的手机广告：演员寻找有手机信号的地方时，不停地叫喊"你现在能听见我说吗"。我觉得这很像职场对话：双方都大声喊叫，希望对方能接收到信号，从而改变行为。

有多少次你认为自己说得再清楚不过，但后来发现听者还是理解错了。这种情况经常发生，甚至过于频繁，因为我们总是勤于思考自己要说什么，而几乎不考虑对方是否和如何接收我们的信息。

人们接收外部信息的方式完全取决于他们的观点，而观点来自生活经历。前文提到过，刚进入职场时，我和上司有过一次"我们能谈谈吗"这类对话。你可能还记得，从我的角度来看那次对话进行得很不顺利。因为那段经历让我患上了职场版的创伤后应激综合征。也就是说，从那天起，每当有人问起"我们能谈谈吗"时，我都会禁不住颤抖，往最坏的方面想。

通常，当我不得不和下属进行那种"谈心"交流时，我都知道那个人以前也经历过类似对话。当然，我不知道他们是否也像我一样受到过心理创伤。总之我明白，人们的生活经历肯定会影响他们对别人话语的解读。考虑到这一点，请注意下面的内容，它会帮助你一清二楚地表达自己的观点。

第2章
澄清：明确提出观点，并虚心倾听

直接沟通

我们想避免伤害别人的感情，但委婉的说法却让对方感到茫然和困惑。经理对员工说，需要改变工作态度——这是间接沟通的一个好例子，但这让员工摸不着头脑。当客户对我说这句话时，我的第一反应是："他到底想说什么？"我敢肯定听到这句话的员工也会有和我一样的感受。

我问我的客户："如果员工按照你希望的方式做出改变，那会是什么样子，什么感觉？他们现在会做哪些半年前根本不会去做的事情？你所看到或听到的什么事情能表明他们现在的工作态度更好？"

我鼓励他们说得具体一些，说出哪些行动可以表明员工的进步。比如说：在会议上，认可其他人的工作，并在别人想法的基础上寻求发展；主动承担任务，而不是等待别人去说；与客户交谈时，面带微笑。告诉员工你希望看到的行为，说得越具体越好。这样一来，员工就会充分了解你用来判断进步的标准。

谨慎用词

领导者经常告诉我他们处理棘手问题时所说的话：通常开头会说"你没有按我的要求去做事"。使用"你"这个词会让听者立即进入防御模式。想象一下，如果领导者以"我没有说清楚"开始同样的对话，会怎么样？这样的开头肯定会引起谈话另一端的人的兴趣，并使对方更容易支持你的观点。

前一种说法将沟通失误的责任归咎于信息的接收者，而后一种说法指出错误在于发起者。这似乎是小事，但正如你所看到的，这并非小事。前一种方式像直接攻击，而后一种方式给人的感觉是领导者愿意为错误承担一部分责任。再次强调一下，讨论具体问题时，避免使用"你"这个词。与其说"你迟到了，就把责任留给你的同事了"，不如说"问题是当你迟到的时候，你的同事不得不给你收拾烂摊子"。第一种说法立即使对方为自己辩护，而第二种说法让对方明白自己的行为对他人造成了影响，并认识到纠正错误的重要性。

坚持事实

事实不容辩驳，因此你要坚持用事实说话，摆出你观察到的证据，杜绝道听途说。许多人是歪曲事实的大师。如果你讲一些与事实不符的东西，最终你会离题万里。假设你是经理，正在处理一名直接下属的迟到问题。你以"我从几个同事那里听说，周三和周四早上，你9点多才到办公室"开启对话。那么，接下来你要应对的是"谁告诉你的？"这类反问。

处理这种情况时，应该与下属分享你的观察结果。你可以说："问题是你今天上班又迟到了半小时。我在周三和周四早上8点半经过你的办公室时,你不在。"你提出了不容置疑的事实,因为这是你自己观察到的。

💬 倾听,不要想当然

丽莎·拉特(Lisa Larter)是丽莎·拉特集团(Lisa Larter Group)的首席执行官兼创始人。在倾听的重要性方面,她学到了宝贵的一课,而且对她来说,那是一条艰难的道路。她告诉我,当一个人已经对某件事有成见时,倾听别人的观点会变得很困难。这影响了她与一位核心员工的关系,她永远不会忘记那次教训。

我曾对一位核心员工说:"对不起,我不相信你说的话。"听到这句话,我的员工哭了。我感到内疚,因为我是有史以来最糟糕的老板——问题出在我没有倾听。

我的员工是那种慢半拍的人。她喜欢在行动之前花时间深入思考并处理信息。她一直跟我说工作量太大,需要帮手,但我没听进去。我对她的工作经验和思维方式做了一些假设,并联想到她的领导风格——我这是错误的做法。我以为我们需要一个有多重任务处理经验的经理:耳听八方、眼观六路、灵活变通、有高度紧迫感、能出色应对压力。

去年年底,这位员工来找我,问我能否给她调换岗位,让她在不同的业务领域工作。她觉得她的技能更适合在别处发挥。我同意了她的请求,并让她去寻找新的接替人。

半年后,我聘请来接替她的新经理找我说:"我做不到,工作实在是太多了。"她想辞职,这感觉似曾相识。她跟我说的和她的前任说的一模一样——只是这一次,我在倾听。我知道想扭转局面,就必须迅速采取行动。我立即对业务进行了重大调整,雇用了更多的人,并提拔了一名员工做她的助理,以便她有更多的支持。然后,我做了接下来我该做的事。

我向那位前任员工道歉,后悔我没有听她的话。我想当然地认为自己是对的,但事实上我错了。她完全值得我向她道歉。

每一天,我们的偏见、假设、观点和信念都在妨碍我们倾听——用心倾听别人的话。我们都需要更好地倾听。这是一个很好的案例。

我郑重声明,我欣赏我道歉过的那位员工,并感谢她在我的领导风格和我们共同经营的事业中看到了足够多的积极因素,能坚持留在我们的团队中。我非常感谢她,她对我的领导力的信任让我惭愧。

丽莎·拉特

首席执行官兼创始人

丽莎·拉特集团

带着成见进行讨论,对双方都没有好处。如果将先入为主的观

第2章
澄清：明确提出观点，并虚心倾听

念视为事实，可能会导致不一定正确的信念。丽莎的员工做了很多工作，只差发出烟雾信号提醒自己被工作淹没了，但是丽莎听不进去。更糟糕的是，丽莎竟然告诉员工她不相信。我不建议你这么说，除非你有确凿的证据证明员工在撒谎，而且你希望他立即离职。

如果你发现自己处于类似情况，最好仔细想想对方说的话。不要急于做出回应，相反，要积极倾听。寻求理解员工传达的全部信息。丽莎没有积极倾听员工说的话。这才是她应该说的："你说你感到不堪重负，工作量大到你无法承受。是这样吗？"通过询问，丽莎可以确认员工的感受，并向对方表明自己在专心倾听，完全能理解对方的意思。这样一来，她们能够共同想出一些可能的解决方案。

我们不要有侥幸心理。丽莎很幸运，她的员工没有因为质疑她的职业理念而夺门而出。我和丽莎有私人交情，我猜她在那名员工的"信托账户里存过钱"，所以才能进行"大额提款"。她的道歉可能使"信托账户的余额"接近了犯错误前的水平。丽莎的学习能力很强，希望她不会再动用那名员工的"信托账户"。

💬 为什么力求正确，却得到错误结果

有些人凡事都力争对与错。你知道这样的人，他们总是强辩到

底。因为他们比大多数人声音更大、语速更快,生怕你听不见或者打断他们。他们会不停地强调自己的观点,直到对手精疲力竭,最终妥协。你自己甚至就是这种人。

任何艰难的工作对话中,追求"胜利"绝不是一件好事,因为输赢不是我们对话的目标。请记住,你可能百分之百正确,但仍然会在对话中落败。我们的主张是让双方都感觉到自己被倾听、被尊重,从而就下一步行动达成一致。如果对话中出现追求胜利的情形,那么就不太可能实现目标。

如果你就是这种人,那么该做些什么呢?你可以从下决心改变开始。首先,你必须相信改变你目前的行为对你更有利。了解一下人们对自以为是的人的普遍看法,可能有助于你更好地理解自己的行为所带来的不良后果。

自以为是的人并不受欢迎。他们扼杀对话和观点的坏名声,使人们退避三舍。自以为是的人很容易否定别人的看法,这意味着他们可能错过很多学习机会。如果愿意承认别人可能比我们更懂某个特定主题,那么我们都可以从听取别人的意见中受益。自以为是的人很少会感谢他人,甚至意识不到别人对他们的成功做出了贡献。因此,他们通常被认为是浮夸的人,很少被选中参与高端团队项目。他们可能会错过一些很好的机会,职业发展受阻。自以为是也会让人陷入危险境地。比方说,即使你困在湿滑的山坡上,快要掉下去,也不会有人提醒你。为什么要提醒你?人们只会觉得,既然你那么牛，肯定知道自己快要坠落悬崖。

希望我已经成功说服你慎重考虑自己的行为了。如果想清楚了，利用以下方法控制你自己。

停止高谈阔论

高谈阔论只会让人疏远你。无关紧要的事情要少说。在有争议的对话中，多说一句无异于火上浇油。信不信由你，在这种情况下，少即是多。认准一条最能支持你立场的信息，然后让其他人发表意见。

从你的词汇表中删除"其实"和"显然"

对话中使用"其实"或"显然"等词，会给人一种爱说教的感觉，别人甚至以为你是一个傲慢自大的人。你可能听别人说过很多次"其实，我们这里不是这样做事的"。当听到这句话时，你的第一反应是什么？我会尽力克制自己，避免用尖刻的语气来回应。"显然"这个词也不适合作为对话的开头，因为容易被听者误解。我的意思是这样的：比方说，你的一名员工提出了一种替代方案。你并不赞成他的想法，于是你说："显然，我们不打算朝这个方向发展。"这句话听起来让你有优越感。糟糕的是，如果对方"显然"知道的话，就不会提出这个建议！如果你经常说这种话，我敢打赌，这名员工以后就不会再提意见了。

了解你的听众

如前所述,有人喜欢闲聊,有人则讨厌闲聊。说大量的题外话之前,问自己:"这次谈话中,有人关心我要说的话吗?"如果你认为答案可能是否定的,那就少说两句,除非被要求进一步阐述你的观点。我可以根据经验告诉你,对于那些自以为聪明的人来说,忍住不夸夸其谈是极具挑战性的。但是通过足够的练习,我相信你能够达到别人期待听到你的想法的境界。

纠正他人前要三思

人无完人,是人都会犯错,但并不是每一个错误都需要纠正。如果你曾经帮助你的孩子做数学作业,那么你就知道解题方法通常不止一种。你和你的孩子一起解一道数学题,你们得到的答案是一样的,但是因为方法不同,你觉得孩子做错了。当你刚开始向孩子解释"正确"的解题方法时,孩子会说:"我们在学校不是这样做的。"后来你终于明白,重要的是孩子知道如何解题。下次当你想纠正一个团队成员想出的主意时,即使你能通过不同的方法得到相同的结果,也请三思。

有些情况下,别人犯错误时,你一定要说出来。开始这种对话的好方法是提问。一句简单的问题——"你从哪儿听到的?""真有趣!你有证据证明你的说法吗?"——将为有意义的讨论创造条

第2章
澄清：明确提出观点，并虚心倾听

件，并指出错在哪里。我发现，当我采取这种方法时，对方通常会意识到自己犯了错误。当然，你首先要确保自己是正确的。

在下一章中，我们将讨论第三条原则"同情"，人与人之间应该多一点同情。在讨论敏感的工作话题时，同理心和理解力很重要。继续读下去，学会探索你的内在自我，遇到需要同情的情况时，理解他人。

学习要点

- 任何具有挑战性的对话成功与否，都在开始之前早已确定，所以你需要弄清楚自己想要什么样的关系。
- 安排对话之前，关注你希望得到的结果。如果你知道自己想要什么，就更有可能得到它。
- 你无法预测一场具有挑战性的对话会如何发展，因此你需要做最坏的打算，期待最好的结果。
- 有时，棘手对话可能进行得比预期要好，所以你要准备好迎接这个小小的胜利，并把对话推向终点。
- 关于做准备的必要性，我们说过很多遍。然而某些时候，你必须停止计划，马上行动。
- 如果处理得当，分歧可以带来很多积极结果，包括改善与同事的关系，你们可以成为朋友。
- 摩擦是一件好事，这表明对方有足够的兴趣参与讨论。
- 人们接收外部信息的方式完全取决于他们的观点，而观点来

有效对话
应对沟通困难的7个原则

自生活经历。

- 如果你想让别人听明白你说的话,那么在对话中直接沟通、谨慎用词并坚持事实。
- 以开放的心态参与讨论。当有人告诉你某件事时,不要想当然,这样你才能认真倾听。
- 你可能百分之百正确,但仍然会落败。下次发现自己在对话中追求"胜利"时,请记得这一点。

第3章

要有同理心和理解力

有效对话
应对沟通困难的7个原则

假设你与他人进行了对话，并建立了信任关系。这种情况下，与你交谈的人可能会向你透露一些造成眼前局面的其他事情。当内幕被揭露时，一些人会迅速排除任何与工作无关的事情——这是错误的做法。有些人把自己的全部精力投入工作中，他们的职场生活和个人生活几乎密不可分。

承认他人可能正在经历一段艰难时期，是在表明你不仅仅关心工作，也关心他们个人。那些感到自己被关爱的人更愿意坦诚讨论棘手的话题，而觉得自己与交谈对象没有什么关系的人则不会。这就是我选择"同情"作为7个原则之一的原因。如果你想表达同情心，就必须建立融洽关系，我将在本章中讲述如何去做。了解肢体语言在交流中的作用也很重要，尤其是在表达同情心的时候。我将解释为什么以及如何放慢速度以加快对话，为什么需要全身心投入，以及应对具有挑战性的对话时沉默所发挥的作用。在本章的最后，我将讨论"过度共情"——这是许多人似乎都具备的一种共同特质。

💬 同情心和同理心的需要

在职业生涯的早期，我年纪轻轻就当上了领导，而我管理的团

第3章
同情：要有同理心和理解力

队成员比我年长得多。我晋升后不久，几名下属要请假去照顾生病的孩子。这一举动对我来说是完全陌生的，因为那时的我还单身，更没有孩子。我记得当时我心想：这些人到底是怎么回事？难道他们没有应付这种情况的备用托儿方案吗？我后来才知道，当我这样想的时候，我的下属很可能在想"我该如何支付账单？我没有任何病假工资了"。我没有对员工说在家带孩子时不要担心，而是提醒他们假期的最后期限——我不建议别人这么做。现在回想起来我本可以而且应该更有同情心。

直到结婚，有了自己的孩子后，我才真正明白小孩子会经常生病。从那以后，我懂得了同理心和从别人的视角看世界的重要性。可惜，对于我的那些早期下属来说，这一教训来得有点晚了。几年后，我在一篇题为《第一次当领导的自白：道歉》（*Confessions of a First-Time Boss: An Apology*）的文章中，试图为自己刚当领导时的行为道歉。我的一位前员工读了这篇文章后写信给我说："你真的没那么差劲。"如果她省略"那么"这个词，可能更有说服力。很多人犯过这种错误，接下来我将分享一些经验教训，帮你避免进入类似误区。

同理心是人的一种特质，有人认为一个人要么天生有同理心，要么天生没有。而我不那么认为，因为我相信同理心是一种可以后天习得的技能。出于本书的目的，我将同理心定义为一种理解或感受他人经历的能力，换句话说，即使你从未实际体会过相似情况，

有效对话
应对沟通困难的7个原则

也能够设身处地为他人着想。在职场中掌握这项本领是至关重要的，因为同理心会促进同情心，从而引导我们的行动，这有助于培养更加主动的员工队伍。

同理心是一种强大的力量，对处理棘手对话尤其有用，因为它将使你更好地理解别人对你言论的反应。如果你了解别人的感受，那么你就能更好地应对可能出现的任何情况。记得有几次，我在激烈的舌战中停下来想：这其中是不是还有我不知道的事儿？我甚至会问对方这个问题，同时注意自己的语气，确保我没有表现出敌意。通过表达关切和同情，我们可以将具有挑战性的对话从敌对状态转变为寻找彼此间的共同点。

以下是销售主管马特·安德罗斯基（Matt Androski）的亲身经历。当你急于完成一次具有挑战性的工作对话，却忽视向对方表示同情时，会发生什么？我们来看一看。

与员工进行棘手对话是很有挑战性的。我通常以开放的心态参与这些对话。

几年前，我曾经和一名员工聊过她的工作表现。我觉得她才华横溢，所以聘用了她，让她当我们公司的区域市场代表。她非常优秀，懂技术，对复杂解决方案的技术方面有敏锐的见解。入职几个月后，我提拔她做现场工程师。我想给她机会，让她在组织中发挥更大的作用。后来，我们又让她晋升为负责一个区域的直销客户经理。

第3章
同情：要有同理心和理解力

她在新岗位上工作几个月后，销售团队给我的反馈是：她不能胜任工作。他们要求我和她谈谈她的工作表现。我有兴趣让她担任这个职务，所以觉得有必要和她讨论这个问题。我想为她提供成功的机会。更有挑战性的是，我还被要求处理她与另一位市场代表的私密关系。

我为将要进行的对话做了准备，打算对她坦诚相待。谈话一开始，我就说："我知道你能胜任这份工作，但你在一些关键领域存在不足，这给团队带来了负面影响。坦率地说，你的表现让我失望。"我接着用严厉的语气说："你需要把注意力放到工作上来。"我一说这句话，就知道事情不对劲。她愤怒地看着我说："我现在有很多事情要应付，我甚至不知道自己该做哪个。家里老人生病了，主要由我来看护。"我说："听到你家人的事，我很难过。我希望你能和你的直接经理好好沟通，看看你不在的时候，怎样处理手边的业务。"然后，我毫不犹豫地说："我们需要谈谈你和你同事的关系。"那一刻，她完全沉默不语。

马特·安德罗斯基
销售主管

马特怀着善意展开了对话。他是真心希望这名员工走向成功。他对员工坦诚相待的做法令人眼前一亮，因为太多领导者喜欢绕弯子，不愿说出真正的意图。当听到她父亲（或母亲）生病的消息时,他表现出了同情心。不过,他立即将话题转移到了她与同事的私人关系上,这让他前功尽弃。他在同一天内传达的坏消息太多了,既然他已经知道这名员工正疲于应对生活中的麻烦事,就应该搁浅部分对话。这样做能表现出他的同情心。他本可以建议过两天再继续讨论。这样一来,她就能准备好和他讨论与同事约会的事情。

💬 设身处地为他人着想

我发现同情心、同理心和挑战性对话的有趣之处在于,当处于一场艰难对话的接收端时,我们非常希望对方能表现出更多的同情心,设身处地为我们着想。然而,当我们自己主导这类对话时,却很少考虑对方的生活中可能发生的其他事情。原因有几个,第一个是我们让自我意识控制了局面。有时候,我们过于自负,以至于不考虑自己是否犯了错误,是否还有不知道的内情。

要想更有同理心,你得暂时放下自我意识,这样才能客观评判对方所说的话而不带个人判断。我们来看一个例子,了解一下自我意识是如何妨碍对话,导致问题雪上加霜的,以及如何做好防范。

想象一下,你的同事来到你的办公室,声称你准备的报告中缺少了重要数据。他有点激动,甚至怀疑你故意遗漏了这些信息。你相当肯定那些信息就在报告中。你的自我意识在呐喊:"走开,

第3章
同情：要有同理心和理解力

老兄。你怎么敢挑战我的职业道德？"你尽力保持缄默，但他继续说："我不敢相信你管这叫作高质量的工作。这份不完整的报告对我有啥用？"

这时，你的自我意识从踌躇状态中走了出来。你从他手里拿过报告，找到他所说的缺失的信息，然后用尖酸的语气说："如果你花时间通读整个报告，你会看到信息就在这里。"

很明显，你的反应缺乏同理心。在这次对话之前，你们可能不太喜欢彼此，这次对话结束后，你们的关系肯定会更加疏远。现在让我们来看看，如果你成功放下自我意识，表现出一些同情心，事情会如何发展。

没有人喜欢被指责做事粗枝大叶。但是，如果你想维护双方关系，你可以说："看来你很不高兴。让我看看哪里弄错了。"在找到他要找的信息后，你可以说："在这里。我理解你为什么没有看到，因为它在附录中。我也犯过类似的错误。"

这一回应向对方表明，你对他有同理心。他显然很不高兴，你承认了这一点。你没有像他一样用严厉的话回敬他，而是试图让对话朝着双方团结的方向发展。你承认你也犯过这种错误，这是在表明你能理解他的感受。

我们不考虑他人感受的第二个原因与我们经常对自己做的心理暗示有关，这些暗示中涉及我们自己，还有其他相关人员。如果不得不解雇某个员工，我们可能会对自己说，我非常支持他，而他那么平庸。我们甚至可能更进一步，试着对这种情况进行心理分析。我们幻想如果处于他们的位置上，自己会多么努力，然后轻易指责不愿意这样做的人为懒惰。这第二个原因对我来说感同身受。

大学毕业后，我的第一份工作是在一家大型零售商的人力资源部工作。在那里，我每周工作超过40个小时。我会在有需要的时候加班，周末也会不请自来。那时候的我们就是这样工作的。当然，时代变了，只是我有点后知后觉。几年前，人们大力提倡工作与生活的平衡。老实说，我花了很久才理解这个理念，因为它对我来说很陌生。很长一段时间内，我一直认为，每周工作不到60个小时的人都是懒惰的。我的意思是，如果一个员工来告诉你，他不能按时完成所有的工作，又不愿意每周多花20个小时，那你怎么可能同情他呢？这就是我曾经有过的疯狂想法。后来，我终于想通了。当我的一些年轻员工向我证明，他们既可以完成所有工作（远不止于此），又能准时去上瑜伽课时，我的思想就开始转变了！

如果在对话中带入自己的偏见，我们就会变得容易猜忌、愤怒或怨恨。偏见在双方都还没有开始说话之前就已经形成。我们因此无法看清自己是否促成了当前形势，也看不到可能需要改善的地方。消除偏见的一种方法是假定你的意图是好的——我仍然需要不时提醒自己这一点。忘掉你脑子里的暗示吧。你曾经的经历与你现在面临的情况毫无关系。我几乎可以向你保证，和你产生矛盾的那个人早上醒来时并没有说："我今天怎样才能让我的同事感到沮丧？"如果你能把对方视为明智的、有理性的人，而不是给你徒增烦恼的人，你就能更积极、更轻松地应对对话。

💬 建立融洽关系的艺术

你有没有遇到过不得不与一个没有什么交情或关系不融洽的人进行关键对话的情况？也许你的前任留下了一个有绩效问题的员工；或者你不得不花更多的时间监督一个新聘用的员工；或者你的情况跟我的故事相似，即新员工打电话向你请病假。

回想起来，当我的员工请病假时，我本来有机会与我的新团队建立融洽的关系，但我搞砸了这个机会。如果我表现出一些同情心，我的员工可能会在我需要帮忙的时候主动伸出援手，而不需要我请求。然而事实恰恰相反，他们来上班，完成分内事就回家，而我独自在办公室里熬了许多个深夜。

如果我花点时间问员工几个问题，即使我从未真正处于他们的位置，也可能会更好地了解他们的经历。我有理由相信，如果我这么做，我会变得更有同情心，说话也不会那么鲁莽。例如，当我的员工从家里打电话告诉我她不能来公司时，我本可以表示关心："你还好吗？……哇，我无法想象整夜没睡，早上6点还得起床照顾另一个孩子是什么感觉。"然后，我可以问："你知道你可能请假多久吗？我问这个是为了确定找一个临时员工是否有意义。这样当你回来时，你的办公桌上就不会有大量积压的工作等着你了。"我也可以直截了当地问："你的带薪病假时间还有多少？"如果她说这方面她有难处，我可以去找老板，看看我能给她提供什么样的选择。

　　许多人犯了一个错误，那就是忽视了建立融洽关系的价值。这很可惜，因为如果关系不融洽，沟通和协作的挑战性就大得多。对我来说，我的几名员工的年龄与我的父母相仿，甚至还有一个是可以当我祖父母的老人，因此与他们建立融洽的关系尤为困难。我们之间的共同点少得可怜，至少我当时是这么认为的。每年，我居住的城市都会举办一场牛仔竞技节和牲畜展。这场盛会会吸引一些乡村音乐界的大腕人物。有一天，我的一位老员工问我周末有没有计划。我告诉她，我要去牛仔竞技节看拉里·加特林（Larry Gatlin）和加特林兄弟（the Gatlin Brothers）的表演。令我惊讶的是，她说她也要去。于是我问她还想在牛仔竞技节上见到谁。结果发现，有好几个音乐艺术家是我们俩都喜欢的。我们对音乐的共同爱好使交谈继续下去，并让我发现我们之间的共同点比我想象的要多。我明白了一个道理：无论你们有多么不同，如果你挖掘得足够深，总会发现一些能帮助你们建立关系的东西。同样重要的是，融洽是良好工作关系的基础。当你花时间建立融洽关系时，你就是在向对方发出信号，表示你真的关心他们。如果你明白驱使对方前进的动力，你就能确切地知道他们对你的要求，从而使对话有意义。

第3章
同情：要有同理心和理解力

你遇到过一个与你没有关系的人试图给你提意见的情况吗？结果怎么样？最大的可能是，你对他们的话不屑一顾，甚至不考虑对方的言论是否有理有据。现在假设你必须给一个与你关系良好的人提一些意见。那么这个人很可能愿意听你的话。融洽的关系使人更容易接受他人的看法，这一点至关重要，因为只有当对方愿意倾听时，对话才会有效。

花时间建立有意义的工作关系的另一个好处是，你能更好地了解每个人的工作动力，这使你能够根据对方的情况做出灵活的调整。下面的例子可以说明如何有效利用工作关系。假设你已经为现在的雇主工作了几年，达到了可以迎接新挑战的程度。你早就想和老板讨论这件事了。不过，即使你们彼此很熟，你还没有鼓足勇气去找他。而当出现让其他人了解你的愿望的机会时，你及时抓住了它。

在最近的一次Zoom电话会议上，上司对你说，自从合并以来，他一直在全天候工作。你说："哎！这对你和你的家人来说一定很难。我相信你肯定希望去看你儿子的所有足球比赛，尤其今年是他在球队的最后一年。"你接着说："我可能有一个解决方法。在之前的公司里，我带头负责收购其他公司后整合业务运营这一块工作。你可以考虑在这里设立一个类似的职位，然后把我调过去。"你的上司回答说："这个想法不错。给我详细介绍一下你在之前的公司做过什么，还有你觉得你在这里可以做哪些工作。"

人们的行为基于情感，我之前提到过，但值得重提。因为你和

有效对话
应对沟通困难的7个原则

你的老板彼此相当了解,你能够同情他在平衡工作和家庭需要方面所面临的挑战。他也觉得和你聊这些很投机,那么他就可以向你透露这次合并给他的情感生活带来的影响。如果你们之间的谈话仅限于严肃的公司业务,你就无法得知这些事。你努力与上司建立良好的工作关系,这使得原本艰难的对话变得轻松愉快。

如果建立融洽关系像听起来这么简单的话,谁都能做到,那么面对现实吧,有些人善于聊天,但你不一定会。

好消息是,所有人都可以提高建立融洽关系的能力。建立融洽关系的一些方法是私人化的,所以在某些情况下,最好私下会面或有空闲时进行。例如,你通过小道消息得知你和老板有一个共同爱好,你们都是电脑极客。你不应该在开会时突然说起这个,因为这个话题可能会令人尴尬。然而,在一对一的私人对话中,你可以向老板谈起你周末也会打游戏,这可能是建立关系的一种好方法。

记住,如果你了解别人正在经历的困难,你将会更容易、更自然地产生同情心。如果花时间去了解和你打交道的人,你将会发现你们之间的共同点比你想象的要多得多。说不准,你甚至可能成为一个喜欢聊天的人。

💬 非语言交流与肢体语言

在职场关系中取得成功的关键在于拥有进行良好沟通的能力。

第3章
同情：要有同理心和理解力

然而，沟通不仅仅是口头上的，还有非语言暗示或肢体语言，它们的作用甚至胜过有声语言。肢体语言是我们在沟通中利用举止、表情以及身体动作的表达方式，它使我们不用说话就能进行交流。无论你是否意识到，当与他人互动时，你都在发出无声的信号。大多数人都没有意识到即使你停止说话，信息交流也在继续。

有时候，当我们试图表达对他人的同情时，嘴巴说的和肢体传达的意思可能截然不同。说出来的话与肢体语言不符的话，听者可能会觉得你口是心非。要明白肢体语言对于创造共鸣感尤为关键，因为它是沟通过程中的重要组成部分。如果别人认为你在撒谎，就不会觉得你有同情心了。

你的非语言交流方式会影响别人对你的看法，包括他们是否信任你。信任是进行任何有效对话所必需的，因此一定要重视可能无意识中向他人发出的信号。因为同情和理解往往是对话成功的必要条件，所以值得花一些时间来学习通过肢体语言表达同情心的方法。

面部表情

你有没有过这样的经历：某人说的话似乎很正确，但面部表情表达的是完全不同的意思？也许他们说对你提出的事情很感兴趣，但脸上的表情告诉你其实不然。你正在倾诉你的心声，却看到他们翻白眼。因为没有镜子可对照，你很难发现自己在别人面前的表现。所以让值得信赖的同事或指导员帮你指正，会大有裨益。

当客户就如何处理好必须解决的高风险对话向我求助时，我们通常会进行角色扮演。如果是远程操作，我总是要求对方打开摄像头，以便寻找可能导致信息被误解的视觉线索。如果他们允许的话，我会录下会谈过程，这样他们就能回看自己给人的印象。如果使用视频技术进行对话，这种方法就非常有用，因为我们在视频会议上遇到的情况可能和面对面会议不同。如果找不到指导员，你可以请一位值得信赖的同事或朋友，和你一起做角色扮演。这种情况下，一定要告知对方你在寻求的具体反馈的方向。如果你们通过视频做练习，别忘了事先向对方征求录音许可。

保持一张扑克脸，尤其是在激烈的争论中面不改色，对许多人来说无疑是一项挑战。等待轮到你发言时，你的面部肌肉会抽动，甚至可能会出汗。以下是我在指导过程中使用的技巧。如果你不敢直视对方的眼睛——因为你担心一对视，你的面部表情就会暴露内心的想法——那么考虑把眼神聚焦在对方的鼻梁上方。这样，交流时看起来是在直视着对方，即使你并没有。这个动作也会给你一些喘口气的时间，使你将注意力集中到对话中去。我发现当人们感到紧张时，对面部肌肉的控制力会减弱，这就是我总是建议事先写下想说的话，并练习演说方式的原因。这样做有助于控制自己的情绪，并确保对方以你预期的方式接收你的信息。

第3章
同情：要有同理心和理解力

姿势

当电影中的角色交叉双臂，斜靠在桌子边，气鼓鼓地叫嚷时，看起来很酷。你就会知道后面的情节——与他对话的人因为害怕面对他的愤怒而做任何被要求去做的事。这一招可能在好莱坞管用，让这个人赢得奥斯卡奖（Oscar）。不幸的是，现实生活中并不完全奏效。然而，我们经常看到人们这样做。你的一举一动都能表现出内心感受。

如果你想让人觉得自己富有同情心，那么在倾听的时候身体稍微前倾，不要交叉双臂。这向对方表明，你持开放态度，并且在聚精会神地倾听。偶尔点点头，插几句认可的话，例如："我明白了""请继续""听到这个消息我很难过"——对表达同情心和理解力大有帮助。

说话声音

在对话中，有人说："我没有生气！"声音却很大，以至于别人走过来确认一切是否正常。你有遇到过这种情况吗？说话的方式和内容一样重要。当你说话时，其他人会通过你的语气"读懂"你的意思。他们解读你的语速和节奏、语气和音调，当然还有音量，从而做出判断。

如果你想传达同情心，那么需要调节你的声音，让别人听出你在关心或担忧。如果你用略带讥讽的语气说"很遗憾，我又听到你的祖母去世了"，可能会让对方感觉你不相信他的话。也许，告诉

107

有效对话
应对沟通困难的7个原则

你这件事的人的祖父母多得超过了人类的正常情况,这段对话感觉像是每周都在上演。然而,现在重组家庭这么多,又去世一位祖父或祖母很可能是事实,所以宁求稳妥,回应时声音带一些关切。一般来说,舒缓的声音会给工作对话带来更好的结果。

💬 放慢速度以加快对话

在当今高速运转的商业社会里,员工们被期望无所不能,立马行动且不能有任何纰漏。所以,在工作场所盛行类似速配的交往方式也就不足为奇了。我的意思是,从见到你的新老板开始的24小时内,你应该从一名新员工变成老板的知己。你还要比这个人先知先觉,否则就会落伍。然后,你要和你遇到的下一个人重复这种建立关系的模式。压力巨大,而期望往往又很荒谬。每个人都不惜一切代价,想尽快得到结果。然而,急功近利是要付出代价的。

解决工作难题的最快方法是放慢速度,这似乎有悖常识。如果可能的话,试着与你要交谈的人建立关系。然而,在当今忙碌的世界里,很多人觉得花时间去了解他人不是一种必要,而是一种奢侈。

事实并非如此,原因如下:当你与别人有良好的工作关系时,他们会更容易信任你。有了信任,他们会与你分享一些事情,这会使你有同理心,能快速完成棘手对话。

我的客户简(Jan)费了一番周折才学会这一点。她是一家制药

第3章
同情：要有同理心和理解力

公司公关专业团队的负责人。她承认自己有A型人格，做事有干劲，几乎没有时间进行社交活动。因此，她对员工在工作之外的生活几乎一无所知。让她始料未及的是，这反过来给了她沉重的一击。

简的一名员工多年来工作表现相当出色，但忽然开始错过一些关键的交付期限。她知道必须立即解决这个问题，所以她把他叫到办公室，说："在过去的两个星期里，你已经错过了三个最后期限。你必须改变这种情况。"那名员工看起来很震惊，正准备说些什么，简却打断了他："你知道有几十个人想得到你的工作。"这时，那名员工屈服了——与其冒着再次挨批的风险，不如什么都不解释。他对简说："你说得对。我打算辞职。"她后来从另一名员工那里得知，这个人的妻子刚提出离婚，并威胁要把孩子从他身边带走。简向我坦言，那时她感觉自己糟糕透了。

人们通常不会向仅有商业伙伴关系的人诉说离婚这种私事，这恰恰是简留给她员工的感觉。如果她稍稍放慢脚步，就能意识到这名员工的行为是反常的。很明显，他有点不对劲。如果她花点时间去了解员工，而不仅仅是打个招呼，可能就会察觉到他的家里出了问题。我很了解简，如果她知道员工正在为私事而发愁，她会很关心，并且以正确的方式表达同情。她不会那么严厉，而是会说："你知道的，这不像你的工作表现。你是不是有什么事？能和我分享吗？"这种说法为达成让双方都满意的方案提供了必要的机会。然而，她却失去了一名能干的员工。

109

有效对话
应对沟通困难的7个原则

💬 全身心投入

现在的人似乎有忙不完的事,这解释了为什么我们的精神总是难以集中,游走于不同事务间。当你一边帮孩子做家庭作业,一边琢磨晚饭该吃什么时,多任务处理可能是好办法。然而,在高风险对话中,如果不全神贯注,那么可能会导致得不偿失的结果,所以放慢脚步,关注眼前的事情非常重要。遗憾的是,我亲眼看到相反做法的后果。

当我的前老板解雇一名长期员工时,我也在场。在传达这一不幸消息的同时,她乱翻桌子上的文件,寻找下次会议所需的资料。我无法不注意到那名员工的反应。他开始激动起来。他被解雇了,告诉他这件事的人似乎更在意的是找到一份丢失的文件,而不是对他的遭遇表现出任何同情。我发誓永远不会犯这样的错误。鉴于这种情况,我经常告诉客户,我们的行为才是最重要的,而不是我们的意图。我愿意相信我的老板同情这个人,也许她确实如此。然而,她的肢体语言和行为却表达了不同的意思。

一天中的某些时段,我们的头脑最清醒,能够比其他时段更好地专注于手头事务。这因人而异。我试着在工作日一开始就处理棘手对话。这样我就不用花太多的时间去怀疑自己。然而,我知道有些人需要至少喝两杯咖啡,再吃一份早餐点心后,才能有精力参与对话。你可能会介于这两者之间,或者再晚一点才能聚精会神。

第3章
同情：要有同理心和理解力

这里所说的要点是，进行棘手对话的正确时机是你能够全身心投入的时候。

沉默是金

几年前，当我在工作中经历一段挫折时，一位朋友建议我去尝试冥想。我很快就拒绝了。正如我之前提到的，我来自纽约，我们纽约人都风风火火的。除非我能在从一项活动跑向另一项活动的过程中冥想，否则我不感兴趣。

我的工作状况越来越糟。没过多久，我主动打电话给那位朋友，请她介绍她认为可以帮助我的人。她把我介绍给一个在修道院工作的女人。接下来的几个月里，我每周会花两个晚上和那个女人一起，盘腿坐在地板上诵经。每次法会结束时，我们都要静默几分钟，开始我感觉那几分钟漫长得出奇。我记得静默环节让我感到很不舒服，以至于我偶尔会清清嗓子，睁开一只眼睛，看看能不能让她提前结束。过一阵子后，我终于适应了静默环节，我承认我很期待在那里的那段时光。

听我的吧，心无杂念地享受安静是不容易做到的。然而，适应沉默是非常值得练习的。为什么呢？想想最近的一次对话，你和某人就一些对你来说很重要的事情进行谈判。你说出了你的想法，然后房间里一片寂静。这种沉默让你感到很不自在，于是你开始紧张，心里犯嘀咕。这种情况的出现比你想象的要频繁得多。

有效对话
应对沟通困难的7个原则

我的客户特里什（Trish）在一家科技公司工作。她的前任经理辞职后，公司让她接管了经理的工作，但并没有给她改变头衔，也没有增加薪酬。在担任这个角色8个月后，她终于决定向老板申请加薪。在这之前，她没有出过任何差错。她将自己在过去8个月里取得的重要成就列成清单，并对市场上她所在领域的其他人的薪酬进行了广泛研究。她告诉我，在开始对话前，她自信地认为老板会同意她的要求。特里什给我讲了一遍他们的谈话过程，听起来进行得很顺利——当她意识到自己犯了大错时，她犹豫了一下。当她说自己的身价比现在的工资高出10000美元时，她的老板沉默了。这几分钟（她估计的）让她坐立不安，于是她脱口而出："好吧，只能给我加5000美元也没有关系。我知道现在日子很艰难。"

她因老板的沉默而不自在，这让她付出了高昂的代价。她的老板很快同意给她加薪5000美元，这意味着她的报酬仍然偏低。正如我在前文分享的丽莎·拉特的故事所指出的，有些人喜欢深思熟虑。我猜她的老板是要花几分钟时间考虑如何做出最好的应答。如果特里什也在沉默中等待，那么老板很可能会同意她最初的请求。或者老板可能会给她加薪7000美元，他们可能会在这两者中间的某个价位达到一致。我们从特里什和丽莎的故事中可以明白，沉默并不是坏事。事实上，沉默可以是一件好事。

我可以肯定的是，沉默片刻比立即说"不"要好得多。下面我将介绍如何适应房间里的死寂气氛，从而实现互利共赢的解

第3章
同情：要有同理心和理解力

决方案。下次，当对话过程出现长时间的停顿时，深呼吸并数到"20"。如果对方仍然没有回应，就轻轻地问："您明白我在说什么吗？需要我解释一下吗？"在大多数情况下，对方会说："我在考虑怎么回复你刚才说的话。你能给我一点时间吗？"

将沉默当作一种手段，你可能以更好的方式结束一场棘手对话。沉默能让双方更快冷静下来，并更乐于接受对方的观点，因为你们不再保守，而是关注最终目标——更好的结果和改善工作关系。

如果你想适应沉默，还有一些事情需要考虑：

- 并不是每一次的冷场都是因为有人说错了话。如果一方提出一个特别深刻的观点，另一方可能需要思考片刻后才能做出回应。

- 有些情况下，沉默是社会认可的回应方式。例如，有人与你分享了令人心碎的消息，或者请你对他们一直在克服的难题提出意见。对你来说，答案可能很明确。但是，你可能会选择暂时沉默，以免显得你没有认真考虑对方的问题。

- 沉默可以作为结束谈话的最佳退出策略。如果沉默持续太久，主动说一些这样的话："好吧，看来我们不得不求同存异了。""你忙吧，我不打扰你了。"

- 沉默可能只是暂时性失忆。你的思维暂时冻结，或者脑子突然"短路"了。如果你自己沉默了，你可以风趣地说："该死！我还记得两天前吃的早餐，但就是想不起来我打算说什么。"

- 沉默经常被用作谈判手段。你听过这样一句话："谁先开口谁输。"你只要看看特里什的情况就知道这是有道理的。保持沉默对你有利。安静一会儿，让对方先发言。
- 在应该让沉默持续多长时间方面，没有一种放之四海而皆准的方法，但最好让沉默持续下去，直到对方主动开口。
- 如果某一次高风险对话非常重要，而且需要达成一些解决方案，那么最好不要以沉默结束。在这种情况下，你可以说："我知道这很难。我们明天再见面，继续讨论下一步的行动计划吧。"

过度共情：是否关心过度

直到最近听到休·贝加莫（Sue Bergamo）的经历，我才明白有"过度共情"这回事。几年前，我和休在我主持的一次高管早餐会上相识。她是一个终身学习者。她乐于分享她的故事，以帮助那些像她一样可能因为过度的帮助倾向而苦恼的人。

几年前，我在一家公司工作时，聘用了一名工程师。刚来时，他满腔热情、精力充沛，随时准备迎接任何挑战。我们的人才作为团队的一分子，要拥有不同的技能，并在全球各地工作。他在一个重要的转型项目中发挥了带头作用，似乎对自己的工作很满意。他

第3章
同情：要有同理心和理解力

的工作推进得很扎实，而且在一个关键项目上取得了不错的成绩。

当他的双胞胎孩子出生时，他已经在公司工作了大约一年。毫无疑问，初为人父，他刚开始不知所措，不得不学习一些新的技能来打理他的新家庭。照顾一个婴儿已经很累人了，同时照顾两个婴儿肯定让人筋疲力尽。双胞胎一出生，他就开始忙得不可开交。他太累了，甚至可以说疲惫不堪，不断地感冒生病。很明显，休完家庭陪护假后，他还是需要更多的时间，所以我建议他接下来在家工作6个月。我觉得这是一个合理的时间段，足以让他适应新情况和新责任。我们安排了他每周的签到会议，事情似乎有了良好的开端。虽然提供了灵活的工作安排，但我们也要求他按时完成工作。

由于公司业务快速扩张，办公空间不足，而且在家办公也进行得比较顺利，所以我们给他延长了假期。他还是经常生病，虽然延误了几个交期，但我们还是同意他继续在家工作6个月。大约在第10个月，延误交期的情况越来越频繁，我不得不每天安排他签到会议，以帮助他保持工作进度。这种状态持续了一段时间，他也对此向我表达过歉意。

我仍然很同情他，但我需要不断提醒他，让他的注意力回到工作上，这让我很为难。我们在对话中保持着对彼此的尊重，但我开始坚定地要求他履行任务、兑现承诺。有很多次，他的工作被重新安排或交给其他团队成员来完成。当我问起他对会议、笔记、工作和文件等的跟进情况时，谈话就陷入停滞状态。当被要求为会议提供意见时，他毫无准备，甚至有几次不记得要参与什么议题的会议。很明

有效对话
应对沟通困难的7个原则

显,他没有再为公司工作或提供服务,因此我们要求他停止在家工作。

回到办公室后,他工作了一个月,但状况又开始倒退。最后一根稻草终于出现了,我们不得不把一个他在6周内都没有完成的小任务重新分配给其他团队成员,而后者在几个小时内就做完了。

公司的预算不断在调整,信息技术是一个典型的必须见到回报的领域。他最后一次不履行任务的情况发生后不久,我被公司要求在预算上做出让利,于是把他列入了解雇名单。

现在回想起来,我对他太宽容了,因为我同情他的困境。虽然提供灵活的工作安排是正确做法,不过,在他第二次犯错误后,我就该终止在家工作的协议。

休·贝加莫
首席信息官兼首席信息安全官
Episerver公司

我必须赞扬休,她的初衷是好的。她以同理心和同情心来处理了这件事,并尽最大努力帮助下属熬过困难时期。但是,她没能让那名员工对他的承诺负责。结果,他继续利用她的善意,这给休带来了一些严峻的挑战。

休承认,她应该在第二次错误发生后终止协议。她应该对下属直言不讳。除了说明自己的期望之外,休应该明确告诉对方,如果他不履行协议会发生什么。如果休需要就此事进行后续对话,这种

第3章
同情：要有同理心和理解力

做法将为她提供有利条件，使她能够快速应对。她可以这样跟进。

休："哇！你既要努力做全职工作，又要照顾双胞胎，这一定非常艰难。我想你一定很累吧。你知道的，我们的团队想要满足关键交期，就要依靠你的工作，所以我今天想和你谈谈。现在，我们的交期一直在拖延。我们来谈谈如何调整你的工作安排，给你一些灵活性。如果我让你继续远程工作，你花在通勤上的时间就会腾出来，这样你就有更多的时间投入工作中。你对此有什么想法？你有没有其他方法来解决这个问题？"

在对话的第二阶段，休可以说："好吧，我们已经同意你继续在家工作6个月，前提是你要完成以下工作。"然后，总结商定的内容，并且强调："我得把话说清楚。如果你不遵守我们的协议，无论什么原因，你将被要求立即返回办公室。到时候，如果你无法做到这一点，或者你的工作没有改善，那么我们可能终止聘用关系。我希望我们不会走到那一步，但我觉得你有必要知晓全部情况。"

在推荐的对话方案中，休不仅有同理心，还为日后的坦诚交流（如果有的话）规划了"路线图"。

下一章的内容是好奇心和探究的力量。好奇心驱使我们用不同的眼光看待事物，这有助于解决分歧。如果你对我所说的话感到一点点好奇的话，请接着读下去。

学习要点

- 同理心是一种理解或感受他人经历的能力，这种技能是可以

有效对话
应对沟通困难的7个原则

后天习得的。

- 通过表达关切和同情,我们可以将具有挑战性的对话从敌对状态转变为寻找共同点。

- 如果你了解别人正在经历的困难,你会更容易、更自然地产生同理心。

- 在职场关系中取得成功的关键在于拥有进行良好沟通的能力。然而,沟通不仅仅是口头上的,还有非语言暗示或肢体语言,它们的作用甚至胜过有声语言。

- 你的非语言交流方式会影响别人对你的看法,包括他们是否信任你。信任是进行任何有效对话所必需的,所以一定要重视可能无意识中向他人发出的信号。

- 与他人交流时,要注意自己的面部表情、姿势和说话声音。确保这一切都与你想传达的信息一致。

- 解决工作难题的最快方法是放慢速度,这似乎有悖常识。如果可能的话,试着与你要交谈的人建立关系。

- 在高风险对话中,全身心投入是很重要的。

- 欣然接受沉默。沉默通常表明对方在认真倾听,需要更多的时间来消化你所说的话。

- 有一种情况叫作"过度共情"。当你过于关心别人时,你的善意很容易被对方利用。

第4章

好奇：

探明究竟，而不是置身事外

有效对话
应对沟通困难的7个原则

人们为什么会做出这样或那样的行为？我经常问自己这个问题，还有一大堆其他问题，这就是我选择"好奇心"作为处理职场棘手对话的第四大支柱的原因。对某一特定情况感到好奇并询问了解，可以让对方觉得你对他所说的话感兴趣，这有助于促进对话。在本章中，我们将讨论好奇的力量，以及如何通过正确提问，更好地理解对话中的复杂情况；好奇为什么不会害死猫，为什么说是好习惯（我会让你变得更加好奇）；如何发掘你的内在童心，恢复与生俱来的好奇心；还有一个很少被提及的话题——怎样确保自己不扼杀别人的好奇心。我会提供一些开场白以及问题范例，以保持对话的流畅。在本章的结尾，我们将深入探讨好奇心对工作对话的影响，以及当对话失去控制时，如何重新掌控。对这些内容感兴趣吗？让我们一起来探究吧。

💬 好奇的力量

小时候，我是那种经常问"为什么"的烦人的孩子。当然，我当时并不知道自己正在练习让我受益终生的宝贵技能。我一直都是个好奇心强烈的人，特别是涉及人的问题时，这可能解释为什么我从事的工作都与人的事务有关。感兴趣的人看待事物的方式与不

第4章
好奇：探明究竟，而不是置身事外

感兴趣的人不同。比如说，在你的眼里，事物是黑白分明的，而我看到的是不同深浅的灰色。当有人声明"我们公司的股票很快会飙升"时，你可能就信了，而我不会。我的自然反应是会追问："何出此言？"我并不想为难别人，而是真的想知道对方为什么有这种想法。我对一切商业活动感兴趣，也对人类如何看待这个世界感兴趣。好奇心的核心是发现自己感兴趣的事物并被它们吸引。当有人谈论你热衷的话题时，你的耳朵会不自觉地"竖"起来，对吧？你会很愿意介入谈话，向对方表明你对这个话题有浓厚的兴趣。好奇和问询是巩固人际关系的最快方法之一。因为感到好奇的人有兴趣了解，并有意保持积极互动。

每当我问别人是否有好奇心时，得到的回答几乎都是肯定的。但我发现很多人缺乏好奇心。他们认为自己很好奇，因为从事的工作主要涉及问询。然而，这些问题通常是照本宣科的。问一些事先准备好的问题，还停留在解决问题的层面，这与真正的好奇心是两回事。

回想一下自己打客服电话，寻求帮助的情景。电话那一头的人给你的印象是诚心解决你的问题，从而让你成为他们的终身客户吗？或者，只是照着他们的问题清单"念"下去，很少考虑你的回应？最近，我有一次不太令人满意的客服体验。六月份的时候，我订购了夏季别墅里用的露台家具，这些东西八月底才送到。我打开箱子后发现椅子上没有垫子。我立即打电话给客服，而那位客服代表只问了我几个标准问题。之后，不管我怎么努力，她都坚持"照

有效对话
应对沟通困难的7个原则

章办事",表示无法帮助我。然后,我和她的主管进行了更激烈的交涉,而这位主管还是老调重弹。她给了我一张优惠券,说以后买东西可以打九折。但她并没有问真正重要的问题:"为了让您满意,我能做些什么?"重新发货等尝试以失败告终,情况变得更加不尽如人意。我最终和一个比主管更有权威的人通话。但我还没开口(他也没有问我的要求),他就主动提出给我目前的订单打五折。我说了声"谢谢",然后挂断了电话,发誓再也不跟他们做生意了。

你可能会纳闷,为什么要把一家愿意提供更多服务的公司拉入黑名单。答案很简单,因为在那次购物中,我自始至终没有体验到对方真的在乎我。他们给我留下的印象是我并不重要。当人们提不起兴趣时,就会发生这种情况,使对方会觉得自己被忽略——这根本不是我们对话的目的。不要犯同样的错误。要有好奇心,提出一些问题,也许你会发现事情并不难解决。

💬 发掘你的内在童心

我们通常认为儿童从成年人身上学到很多知识。这种观念是正确的,因为孩子们从小被大人的言行耳濡目染,习得如何做人的生活经验。然而,很多人没有想过,成年人也能从儿童身上学到不少东西。在大多数情况下,孩子们的交流是比较直接的,这对大人有教育意义。在为本书收集故事的过程中,我发现人们最大的遗憾

第4章
好奇：探明究竟，而不是置身事外

就是没有直接沟通。他们承认自己的不坦率和逃避造成了一系列问题，而很多问题本来是可以避免的。

孩子们对世界充满好奇，经常问"为什么"。他们也关心别人的事。你小时候是不是也指着别人，向父母问这问那。你的父母可能马上转移话题，同时说：对别人指指点点是不礼貌的。你也可能和我一样，会理解为议论别人是一种不受欢迎的行为，虽然这可能不是这次亲子教育的本意。好奇是一种优秀的品质。

你失去好奇心了吗？如果你现在没有年轻时那么好奇，那么请继续阅读这一节的内容，学习如何唤醒你的好奇心。如果你认为自己仍然保留着好奇心，那么可以跳到下一节"不要扼杀他人的好奇心"。

孩子们其实很坚韧，一般都能成功克服压力，这表明人们面对逆境时，能表现出很强的复原力。毫无疑问，仅仅想到不得不进行棘手对话，大多数人就会产生心理压力。如果你为了一件必须解决的事而寝食难安，那么试着发掘你的内在童心。小时候，你觉得自己永远做不到某些事情，但在压力的推动下，你突破了自己。也许情况没有你想的那么糟糕。现在觉得很难，但几个月后回头看，你会发现其实很简单，尤其是采纳本书中的一些建议的话。

孩子们会冒很多风险，在他们努力掌握新的运动技能时，经常磕磕碰碰甚至骨折。年轻人甚至把受伤看作一种荣誉的象征。然而，随着长大成熟，情况会发生改变。我们倾向于避开风险，因为担心自己不会轻易从伤病中复原。我在职场看到了类似情况。年轻

有效对话
应对沟通困难的7个原则

领导者往往比老领导们更加敢作敢当,似乎不太担心犯错误的后果。随着时间的推移,被老板批评几次"你到底在想什么呢?"后,他们也学会了谨慎——这很可惜。许多领导者会自问:"如果我处理不当,会发生什么?"其实,他们应该问:"如果我搞定这次谈话,事情会变得更好吗?"根据我的经验,因担忧而不敢对话造成的危害远比实际可能发生的不利影响更大。坦白讲,我认为高难度工作对话能造成的唯一伤害是自尊心受损——大多数人很快能恢复过来。

孩子们对待事情不会像成年人那么认真,他们把每一天看作一次新的冒险。成年人倾向于关注所有可能出现的状况,而小孩子很少考虑这些。我并不是说不用太在乎与老板、同事或员工进行的谈话。不过,你可以放松一点。每当我为某件事忧心忡忡时,我的导师艾伦·韦斯(Alan Weiss)就说:"你在担心什么呢?没有人会朝你开枪!"他的话很好地提醒了我:想得太多了。下次面临挑战时,请你想到这一点,并试着把逆境视为学习提高的机会。或者像孩子们一样,视为一次新的冒险。

年轻人活在当下,不去想下一步该做什么。再年轻一次该多好啊!过一天算一天,不考虑长远的生活离你有多久了?我们大多数人都喜欢超前思考。面对难题,我们不会说"好吧,我的第一步是……",而是弄得更复杂。"我先这么说,如果他不同意,我就那样说。如果气氛变得不对劲,我会说……"随着谈话一步步展开,你忙着计划下一步要说什么,所以没有完全听懂对方说的话。

第4章
好奇：探明究竟，而不是置身事外

当然，我之前提到过，为所有的可能性做好准备是个好主意，而全身心投入也同样重要。下次与人深入交谈时，一旦发现自己在担忧尚未发生的事情，深呼吸并有意识地把注意力集中到对方所说的内容上。这不仅有助于你活在当下，忘掉烦恼，还能改善工作关系。当其他方法都失效时，那么像爱说话一样爱倾听，我相信我们都能从中受益。

💬 为什么好奇不会害死猫

大多数人都熟悉这句谚语："好奇害死猫"。当你问太多问题时，你的父母或某个好心人可能会说这句话，提醒你少管闲事。在某些情况下，这是很不错的建议。但有些时候，尽管可能被当作好事者，我们还是按捺不住好奇心。

假设每当工作中遇到需要解决的难题时，因为担心对方觉得你总是烦他，所以你采取了回避立场。你永远不会为任何事与任何人交涉！当困难出现时，你应该为他人（也为你自己）解决掉它，这就是我鼓励你变得好奇的原因。该怎么做？请看下文。

先通过一个简短的练习来测试你的好奇心系数。想一想你对某个特定社会问题的立场，并寻找一个持相反意见的人。为了理解对方的观点，向他提出7个开放式的、非主观的问题。不要暗示你不同意他的立场。你会知道自己是否表现出好奇的样子，因为如果你是

有效对话
应对沟通困难的7个原则

个专注的倾听者,对方会变得很热情。如果你很难完成这个练习,那么答案就相当清楚了:你并不那么好奇。值得庆幸的是,只要真的有兴趣(我希望你如此),好奇心可以通过实践来提升。

好奇心是一项非常重要的技能。在职场中,就棘手问题进行有效对话时,必须要有好奇心。除非人们觉得你理解他们的出发点,否则没有人会相信你。问一些开放式问题来建立信任,例如:"你觉得……怎么样?""在这种情况下,你认为什么样的解决方案是最理想的?"这类问题有很多。下面10个开放式问题可以表明你对推进一场艰难对话深感兴趣。提出这些问题时,注意语气。记住,这是对话,不是审问!

- 你能给我解释一下怎么来到这一步的吗?
- 你认为理想的解决方案是什么?
- 你怎么理解这个问题?
- 你觉得为什么会发生这种事?
- 你对现状有何看法?
- 我们的目的是什么?
- 如果换作是你,会怎样处理这种情况?
- 如果不做任何改变,你认为会有什么风险?
- 你现在对这种情况有什么想法?
- 既然了解了这些信息,你打算怎么做?

第4章

好奇：探明究竟，而不是置身事外

💬 不要扼杀他人的好奇心

虽然大多数领导者认为自己重视好奇心，但实际上经常扼杀员工的好奇心。我辅导的几个客户的领导希望他们的员工（我的客户们）变得更加好奇，敢于冒更多风险。然而，在后续的回访中，这些领导又抱怨说我的客户对什么都有疑问。这些领导希望员工不要问东问西，为此向我咨询建议。这就像询问健身教练，躺在沙发上怎样锻炼上半身力量——根本不可能。

我相信你起床后，不会问自己今天怎么扼杀员工的积极性。你肯定愿意找一些方法来防止自己给员工负面影响，那么，可以从下述改变开始。

改变对好奇心的看法

不要认为强烈的好奇心会浪费时间，而应该这样想：问题多的人对别人的看法有浓厚的兴趣，所以他们使谈话变得更有价值。有时候，仅仅是一个提问的手势就能让人们停下来思考，改变方向，最终找到一条更好的道路。对别人说的话表现出兴趣的人，通常能够更有效地合作，这是团队成功所必需的。

视好奇心为重要的创新杠杆

大多数人认为亨利·福特（Henry Ford）很有创新精神。他的

有效对话
应对沟通困难的7个原则

好奇心和决心促使他制造了一种美国普通工人能够负担得起的可靠耐用的汽车——T型车（Model T）。后来，福特停止了创新试验，一心改进T型车。然而，消费者不再满足于单一选择。他们希望汽车能够多样化，而福特却不愿意提供。结果，通用汽车（General Motors）等竞争对手开始推出不同车型，迅速占领了市场份额。如果福特当时更好奇一点，询问客户为什么追求多样性，那么他的公司也许就能满足消费者的需求，从而保住市场地位。

亨利·福特的故事给了我们很好的警示：人们过于专注内部而忽略外界时，会发生什么。很多人像福特一样，刚开始做一份工作时，将复杂情况（包括对话）视为令人兴奋的挑战。而在某一职位上所处的时间越长，这种兴奋感就越弱。困难不再激动人心，而变成了在这个时间紧迫的世界里，阻碍我们前进的拖累。这有点讽刺。在巨大的生产生活压力下，人们几乎没有时间去询问，而这些问题可能带来更高的效率、更好的产品和服务以及更牢固的工作关系。

好奇心的典范

不管领导们愿不愿意，员工都将领导的言行看在眼里，记在心里。如果员工注意到领导禁止同事做某些事情，或者团队中的某个人因为没有完全按计划做事而受到惩罚，他们就会当"缩头乌龟"，不再去冒风险。我明白事情没有按计划进行多么令人沮丧。然而，与其批评员工，为什么不锻炼你的好奇心呢？下面的方法可

第4章
好奇：探明究竟，而不是置身事外

以帮助你处理这种情况。"很可惜，在这个项目上投入的时间和金钱没有产生我们寻求的结果。你认为哪里出了问题？告诉我当初你为什么会做出这样的决定？如果必须重新做，你会做出哪些改变？你从这次经历中学到了什么？"

这段对话比"哎呀！你把事情搞砸了。到底是怎么搞的？"之类的埋怨更为有效。

我从多年的工作中吸取了一些经验，可能对你有帮助。与其漫天撒网，希望能命中目标，不如提出一两个正确的问题。我的大部分业务是为高管提供培训。开始做每项任务时，我都对学员进行360度评估，从他们的利益相关者那里听取反馈。虽然我可以采用简单的自动化流程，让学员回答几十个问题，但我不那样做。我会选择一种更亲密的方式，即使这将花费我很多时间。我打电话给每个利益相关者，问了他们两个问题：这个人擅长什么？是什么阻碍了他的发展？

是的，就是这样，我能够通过简洁明了的问题，发现帮助客户所需的关键信息。因此，进行高风险对话时，你需要考虑好用哪些关键信息来推进对话。问一两个能顺利抓住要点的问题。以下是我最喜欢的几组问题，作为一名领导者，我经常问这些来引导棘手对话向我希望的方向发展。

- 问题是怎么产生的？我们寻求什么结果？
- 具体出了什么情况？你需要我帮你做些什么？

有效对话
应对沟通困难的7个原则

- 你工作得开心吗？工作中，最喜欢或最不满意的地方是什么？

好奇心与评判性

表现出好奇心和评头论足之间是有微妙差别的。你给人的印象取决于你说话的方式，所以注意说话的语气很重要。如果以尖酸的语气问"你为什么对他说这个？"或者"你为什么要这样做？"，很可能会让对方觉得你在批评他。这给对方留下的印象无疑是：你在质疑他们的判断力，而不是试图更好地了解发生的事情。

评判是基于个人观点做出的，有其存在的意义。比如说，你被要求在一场办公室竞赛中担任评委，当激励员工想出最佳成本节约方案时，就需要评判。然而，未经请求的评判可能对职场关系，尤其是对创造性工作，相当有害。因为害怕受到严厉批评，人们可能宁愿明哲保身，也不愿冒险创新。我曾亲身体验过与一个过于挑剔的上司工作的感觉。我完全按照她的要求去做，从不做任何额外的事情，因为我担心她会因此发脾气。当意识到这是她的常态后，我整理好我的简历，很快就离开了那家公司。

爱评判的人不是好奇的人，他们倾向于通过自己的视角看待一切。这种人很常见，对不对？当你给自己设定某种期望，并根据自己的喜好评价别人时，很有可能会表现出评判性。假设你的一名员工做错了损益表。你在金融方面很有天赋，这些活儿对你来说，轻而易举。然而，财务并不是你员工的强项。你正在和他讨论改正

第4章
好奇：探明究竟，而不是置身事外

错误的方法。你可能会不自觉地想：这家伙真笨！于是，你脱口而出："我不明白。数字是不会说谎的。难道你看不出来吗？"听到这话，员工不仅为犯错感到难过，还觉得自己很差劲。这对你也没有任何好处，因为他立即陷入沉默。

试着找出触发因素，也许是某个特定的话题、行为或别人说的话让你想发表评论。每当有人对我说"以后再说"时，我会忍不住想评判对方，因为我对拖延症患者几乎零容忍。我不断提醒自己，做出回应之前深呼吸。在暂停的时间里，我常常意识到自己想说的话并不会把对话引向我希望的方向。所以我留意自己的语气，选择等待而不是急于评判，并在进一步讨论之前，看看对方说的"以后"是否会真的到来。

之前，我提到了非语言交流在职场棘手对话中发挥的作用。即使我们一句话也不说，也能表现出不满情绪。我们可能在别人说话时，无意识地翻白眼，或者一边说话一边指手画脚。我的一名员工有这样的习惯，直到我提醒她注意。我是她的老板，她有一个和我同龄的成年孩子。每当我说一些她不喜欢的话，她就会对我摇手指，用母亲的口吻说："听着，罗伯塔……"对此，我总是以暗讽来回应。终于有一天，我决定叫她注意这种行为。当我说出来时，她吃惊地说："我自己不知道说话的时候在对你摇手指。"后来，她女儿说她一直有这个习惯。我的员工向我道了歉，最后我们对此事一笑而过。当然，我们很难察觉到自己的非语言交流方式。所以，我建议请一个值得信赖的同事观察自己，当你的肢体语言削弱或改变你想要表达的意思时，让他们提醒你。

最后一条建议可以让你看起来充满好奇，而不是吹毛求疵。不要使用"这是错的""那样不好"等字眼，而是说"这很有趣""多跟我讲一讲"，然后积极参与。记住，当你使用非评判性的语言时，人们更愿意与你交谈——这正是我们所寻求的。

好奇心对对话的影响

你有没有和别人进行过那种单方面的对话？你问："你还好吗？"对方回答："很好。"你接着问："发生什么事了？"对方说："没什么。"如果在棘手对话中，对方总是一副半句都嫌多的态度，那就更糟糕了。你问："出了什么事？"对方答："没事儿。"你知道肯定发生了什么事，因为对方的肢体语言瞒不过你。所以，你又问："没事是什么意思？我感觉肯定有什么事。"对方还是不说。最终，你厌倦了自言自语。离开时，你摇摇头说："随你的便吧。"这时候，你要特别注意语气和措辞。想一想应该说些什么、问些什么来向对方证明你的关心是真诚的。

让好奇心成为你的优势

好奇心使我们能够更深入思考和探索各种选择，如果不假思索

第4章
好奇：探明究竟，而不是置身事外

地接受眼前事物，我们也许发现不了这些可能性。下面的案例讲的是一位领导者的好奇心如何导致了他和他的员工都没有预料到的结果。

我不得不为一名雇员的问题前来咨询，他是我的前任招聘来的。从理论上看，他似乎具备了本职工作所需的技能。然而，他却在一个本该轻而易举的任务中举步维艰。事情变得越来越糟时，我决定和他谈谈。我们的谈话是这样开始的："你在上周会议上的表现让我担心。你制定的议程不堪一击，而且尽管你是会议的组织者，你却几乎没有发言。你明白我为什么感到担心吗？"他回答说："我不明白你的意思。你说过要确保让主题专家发言，我照做了。"我接着说："是的，我是说过让他们有机会发言。但是，他们发言之后，我希望你也能发表一些评论。你以前的领导告诉过我，你在会议上总是直言不讳。你是没有为这次会议做过准备吧？所以，你选择不发表意见，对吗？你没有及时收到每周的快报吗？是不是还有什么事情没有告诉我？"

沉默片刻后，他说："我觉得自己像个行政助理。我的任务就是组织会议，然后发布会议内容摘要。"我回答："如果没有你的组织才能，我们部门就无法运转。你担任这个职位之前，我的前任没有向你充分解释这项工作吗？假如你能够提高绩效的话，除了现在的工作内容，你还对什么感兴趣？"

我们的第一次谈话已经是半年前的事情了。后来，我们又讨论

有效对话
应对沟通困难的7个原则

了几次。最终，这名员工和我一致认为，他更适合在组织中担任不同的角色。如果我认为这是前任遗留的问题而不管不顾的话，解雇他只是时间问题。我的好奇心促使我提出了一些探索性的问题，这使我们达成了一个双方都满意的解决方案。我听说他现在在新岗位上大放异彩。

佚名

咨询有关员工的问题时，我们通常默认的立场是"此人必须离开"。上面的案例表明，如果你愿意了解对方为什么会有特定的行为，就有可能获得有利（对所有相关人员而言）的结果。这种好奇心会让你受益匪浅，特别是当你肩负重责，在组织中管理很多人时。

许多人似乎很难确定开始棘手对话的最佳方式，这就是值得深入探讨这个话题的原因。如何开始对话将决定对话的结果，因此一定要予以重视。好奇心的价值就在于此。我建议不要用"我们能谈谈吗"这个问题开始任何具有挑战性的工作对话，因为这句话立刻让人进入戒备状态。当听到这句话时，人们都会想：不会吧，我做错了什么？天哪，又怎么了？这种情况下，对方会立即开始思考怎样为自己辩护，而很少会听你说话。

开始一场棘手对话确实是个大挑战。我曾辅导过一家科技公司的首席执行官，他碰巧是个不喜欢冲突的人。几个月来，我一直

第4章
好奇：探明究竟，而不是置身事外

建议他解雇他的二把手，因为那个人似乎在公司里很爱抢风头。我们的大部分谈话都是关于那位主管的表现，在本例中应该是不佳表现。后来，我问我的客户有什么顾虑而不把真实感受告诉员工。他说他不知道从何说起。那一刻，我意识到不敢进行棘手对话的人并不仅限于普通管理者。在这个问题上，首席执行官和高层领导们也非常需要辅导和帮助。

针对这个问题，我给出了一些有趣的开场白。你可以根据自己的性格，做适当的改编，以体现对话的严肃性。

- 我需要你的帮助。有时间和我聊一聊吗？
- 我想多了解一下你对这件事的看法，也想说一说我的观点。
- 最近，我想和你讨论一件事。我希望你能给我一些建议，增进我的理解。
- 我认为我们对如何处理这个项目有不同看法，我想先听听你的看法，然后再分享我的看法。
- 对于刚刚发生的事情，你可能和我一样感到惊讶。有时间谈一谈吗？
- 我想跟你说一些事情，我相信这能让我们更有效地合作。我们可不可以在本周或下周安排一个时间见面？
- 能告诉我你对这一情况的想法吗？这样我可以更理解你的做法。
- 我很好奇。你能告诉我为什么选择这个方向吗？

有效对话
应对沟通困难的7个原则

- 我就不拐弯抹角了。我想我们都有一些话想跟对方说。你先说还是我先说?

现在,最具挑战性的开场白部分已经完成,接下来要准备应对的挑战是避免对话夭折。仔细想想就会知道,封闭式问题会让对方感觉自己在被审问。如果想让谈话继续下去,最好避免封闭式问题,除非你真的在审问他。为了让对方积极参与,我建议使用开放式问题,因为这种问题通常无法用三言两语来回答。开放式问题可以让你征求对方的想法、感受、意见和建议,这有助于你们进行更深入、更详细的对话。

如果你发现谈话有突然中断的风险,而你还没得到所希望的结果,那么是时候调动好奇心,提出开放式问题了。真正的好奇心会让你提出有意义的开放式问题,帮助你实现目标,或者让你收集到正在寻找的情报。构思问题时,考虑一下你真正想从回答者那里得到什么信息。同样重要的是要记住,开放式问题很可能会引出一些不相干的话题,但这是一件好事,因为这意味着你的问题能让对方思考。对可能出现的、需要注意的其他问题,保持开放态度。

通过下面这些开放式问题,你可以向对方表明,为了让对话继续下去,你有兴趣进一步了解。

- 关于×××,你还能告诉我什么吗?
- 你做这种决定的依据是什么?
- 到底发生了什么事,让你做出这样的反应?

- 你为何不解释一下你的观点呢?
- 你觉得×××怎么样?
- 你认为实现目标的过程中,会面临哪些挑战?
- 你觉得我们应该如何衡量成功?
- 你如何看待这件事的发展?
- 我们该往哪个方向前进?
- 如果我们半年后再对话,你觉得我们需要做出哪些改变,才算已经解决了这个问题?

当对话失去控制时,重新掌控局面

有时候,不管你准备得多么充分,棘手对话都有可能失去控制。我在前文中提到过莉拉,她是我遇到过的最难管理的员工。莉拉也许应该成为一名魔术师,因为她善于误导别人。当讨论她经常迟到的问题时,她会说:"很多人都在迟到,但我觉得你只会说我。"当然,她的反应出乎我的意料。有很多次,莉拉成功地把话题从她身上转移到了别人身上。我提到过,当时我是一名年轻的经理,而莉拉是一个不可忽视的对手。现在,我在管理莉拉这种人方面有了相当多的经验,并且能够更好地帮助我的客户掌控对话,保持正轨。请看下面的建议。

有效对话
应对沟通困难的7个原则

承担责任

我在"引言"中提到过,一次富有成效的对话需要两个人平等参与。通常情况下,对话失去控制是因为我们说得不够直接。为了不伤害别人的感情,我们可能会说:"你是一个很棒的员工。可是,我不得不让你走,因为你的表现已经达不到工作所需要的标准了。"你能理解员工为什么会对这句话感到困惑。他可能会问:"你为什么让我走?你自己也说我是个很棒的员工!"

在这种情况下,重新获得控制权的方法是再三解释。你可以说:"我明白你为什么会感到困惑。也许,我没有解释清楚。上半年,我们就你的工作表现讨论过多次,例如错过交期、粗心大意、缺乏兴趣、效率低下。上次我说过,如果你不能改变这种局面,那么公司将不再雇用你。很抱歉,今天是你在这里工作的最后一天。信封里有你的最后一份工资,还有有关延续你的医疗福利的信息。"

征求解决问题的意见

如果对方觉得自己被冤枉,那么你们很难达成切实可行的解决方案。设想一下受到威胁的感觉,也许你是对话中的被动方,觉得老板把整个团队的失利都归咎于你。这里有一个叫作"前馈"的方法可以简单而有效解决,这个术语是由执行教练马歇尔·戈德史密斯(Marshall Goldsmith)提出的。我获得马歇尔的"以利益相关者为中心的教练方法"(Stakeholder Centered Coaching)认证时学

第4章
好奇：探明究竟，而不是置身事外

到了这一实用方法。

不要把注意力放在过去的事情上，而是向人们征求改善未来的建议。假设你手下的一位经理很难相信员工能正确做好自己的工作。这时，大多数领导者会说："苏珊（Susan），你该放手了。不能再事无巨细地管员工了。"苏珊可能会困惑地回答："好吧。"或者，如果她觉得你就是那种微观管理者，她可能会反击："很高兴你提到了微观管理，我本来也想跟你谈这个问题。"

使用"前馈"方法，而不是专注于过去，你应该问："你认为可以做哪些事来提高个人和团队的效率？"现在，具有挑战性的部分来了。当对方回答时，不要试图纠正他们，而是说："很好！"如果他们的回答还不够理想，那么继续问："你还能做些什么？"直到他们找对方向。前馈是一个很好的提醒，一遍又一遍地旧事重提只会让人互相指责，而不会提出能付诸行动的可行想法。前馈也是鼓励员工展望未来，继续前进的有效做法。

将重点放在该关注的地方

如果我辅导的每个客户在谈话中提到一次其他员工的名字，我就能得到一角钱的话，那么我完全可以提前几年退休。你可能听说过或自己说过这样的话："鲍勃（Bob）也总是占用午餐时间，那你会找他谈吗？""如果我像丹尼丝（Denise）那样得到元首的批准，我肯定我们之间不会有这样的谈话。"鲍勃、丹尼丝、萨姆

有效对话
应对沟通困难的7个原则

（Sam）、约翰（John）……这些名字我都听遍了。我只能说："我们不是来谈论×××的，我们要讨论的是你。"请相信我，从现在开始，将重点放在某个员工身上。但是，许多员工不认为这是最终答案，所以你可能需要重复这句话很多遍。

有时候，员工会提到一个特殊人物，而那个人也是众所周知的"问题"员工。我指导我的客户这样回答："我相信你能理解。我和他的谈话是保密的，就像我和你的谈话是我们之间的秘密一样。"即使是莉拉也不能反驳这样的说法。然后，我建议我的客户将话题转移到眼前的事情上。

下一章要讲的原则是"妥协"。大多数棘手对话都会涉及互谅互让，这对一些人来说，可能很难做到。为了推动事情的发展，应该全力以赴，还是后退一步，对此我们还没有明确的认识。在第五章中，我们将进一步探讨这方面的问题。

学习要点

- 对某一特定情况感到好奇并询问了解，可以让对方觉得你对他所说的话感兴趣，这有助于推进对话。

- 在某些情况下，少管闲事是很不错的建议。但有些时候，尽管可能被当作好事者，我们还是按捺不住好奇心。

- 虽然大多数领导者愿意相信自己重视好奇心，但实际上却经常扼杀员工的好奇心。你可以改变对好奇心的观点，也就是说，把好奇心看作一种增值手段，而不是对时间的浪费。

第4章

好奇：探明究竟，而不是置身事外

- 不管领导们愿不愿意，员工都会将他们的言行看在眼里，记在心里。如果员工注意到领导禁止同事做某些事情，或者团队中的某个人因为没有完全按计划做事而受到惩罚，那么他们就会当"缩头乌龟"，不再去冒风险。

- 与其漫天撒网，希望能命中目标，不如提出一两个正确的问题。

- 表现出好奇心和评头论足之间是有微妙差别的。你给人的印象取决于你的说话方式，所以注意说话的语气很重要。

- 不敢进行棘手对话的人并不仅限于普通管理者。在这个问题上，首席执行官和高层领导们也非常需要辅导和帮助。

- 如果你发现谈话有突然中断的风险，而且你没得到所希望的结果，那么是时候调动好奇心，提出开放式问题以帮助推动对话了。

- 构思问题时，考虑一下你真正想从对方那里得到什么信息。同样重要的是，开放式问题很可能会引出一些不相干的话题，这是一件好事，因为这意味着你的问题能让对方思考。

- 有时候，不管你准备得多么充分，艰难对话都有可能失去控制。你可以主动承担责任，征求解决问题的意见，并将重点放在该关注的地方，从而重新掌控对话。

第5章

妥协:

敬人者,人恒敬之

有效对话
应对沟通困难的7个原则

妥协指的是双方各自做出让步而达成的协议或解决争端的方法。这听起来是个合情合理的主意。然而，要找到一个双方都同意的解决方案并不容易。和别人谈论具有挑战性的话题也需要妥协，正因为此，我将"妥协"作为在工作中应对棘手对话的7个原则之一。在本章中，我们将探讨如何实现相互尊重，并寻找共同点。我将展示如何通过对话，使双方在讨论结束时都感到满意。我们将花大量时间讨论"利用影响力"这一话题，因为这是一项可以在个人生活和职业生涯中助你一臂之力的技能。我们会研究何时及如何接受不同意见，还将理解"退一步海阔天空"的道理。在本章的结尾，我们将介绍一些需要警惕的迹象，使你避开无路可走的死胡同。

💬 实现相互尊重

几年前，我曾与一位金融服务公司的高管打交道。在他成长的那个年代，唯一的获胜方式就是打败对方。这种态度渗透到他所在的行业，该行业的竞争被认为是非常残酷的。他向我坦言，他认为每个组织都应该是这样的，因为他所知道的情况无一例外。

最近，他向我寻求帮助。大约一年前，他提前从公司退休，接受了一家非营利性组织的工作，他曾在那里做过志愿者。他说自己

第5章
妥协：敬人者，人恒敬之

很难适应一个相互合作而非疏离的工作环境。我向他保证，我完全有能力帮助他。

很多人在完全陌生的环境中摸爬滚打，认识到这一点可能让你感到舒服一些。因为很多人都是在只有一个赢家的组织中成长起来的。然而，时代变了（好吧，肯定有一些公司仍然生活在黑暗时代），企业文化和职场文化正在向更具协作性转变。要想在这个新环境中生存和发展，就必须欣然接受"妥协"这一理念。

不健康的竞争提倡不惜一切代价取胜，这是解决冲突的错误策略。相比之下，妥协主张有得有失，让每个人都能得到一些收获。相互尊重的人比互不尊重的人更有可能妥协。假设你正在和一个你不尊重的同事进行激烈争论。你设计新产品的方法不同于他所建议的方法。你当即表示他的方法很差劲，甚至拒绝考虑他提出的建议是否存在一些可取之处。那么你们的对话持续一分钟后，将会各自回到"擂台"的角落，没有取得任何解决方案。

现在，假设你和一位你尊敬的同事存在意见分歧。你的同事听取了你的建议，并承认很有价值。她说："罗恩，你知道的，这是处理这个项目的有趣方法。你提出了很好的观点。我们再进一步，在产品开发阶段时，让营销团队参与进来，你觉得怎么样？"你们彼此尊重。虽然你还不完全同意让营销团队参与进来的想法，但可以用反建议来回应。你可以说："嗯，我没有想过这么早就把营销团队引进来。你的想法很有意思。不过，我有点担心我们可能还没

有效对话
应对沟通困难的7个原则

有做好充分的准备。我们可不可以再缓一缓，等做完原型后让他们参与？这样的话，他们就能更好地了解产品的特性和优势。如果他们提出了我们认为值得实施的想法，我们也有时间修改原型。"你的同事同意了你提出的时间安排。在这种情况下，双方似乎都愿意听取对方的意见，并愿意就项目该如何实施出谋划策。这就是我们所说的妥协。终端产品很可能比最初提议的要好得多，而且双方都会对自己所做的贡献感到自豪。

下次当你处于高风险对话中，或者与不太喜欢的人交谈时，想一想已故的超级巨星艾瑞莎·富兰克林（Aretha Franklin）。1967年的夏天，艾瑞莎的歌曲使"尊重"[1]这一词广为流传，至今听起来也能让人产生共鸣。尊重是我们所有人都渴望得到的东西，但职场中似乎缺少尊重。

棘手对话对有些人更具挑战性，认识到这一点是与那些和你看法不同的人建立尊重关系的第一步。先把你们的分歧放在一边（至少目前，得这样做）。在整个对话过程中，在对方完整表达想法之前，不要评判他们所说的话。花点时间考虑该怎么回应。然后问自己："他们说的话中有什么我可以借鉴的吗？我想从这次谈话中得

---

[1] 《尊重》（*Respect*）是美国"灵魂歌后"艾瑞莎·富兰克林于1967年演唱的成名曲。这首歌带有民权运动和性别平等的色彩，产生了真正意义上的全球性影响。——译者注

第5章
妥协：敬人者，人恒敬之

到的结果的下限和上限是什么？"借鉴对方所说的话，以积极的方式向他表明你在认真倾听。明确下限和上限，这将有助于澄清你愿意为达成协议放弃什么。下面的例子说明了具体做法。

假设你向老板请求加薪。大家都觉得很难成功，因为你的老板是出了名的"小气鬼"。你亲身体验了这一点，她对你的评价是表现出色，但给你增加的薪资却微不足道。你很生气，甚至完全不再尊重她。

你的老板说可以给你加薪，但不会太多。你猛地拍了一下桌子，说道："我怎样才能得到公平的报酬？你一直说我表现很好，但就是不给我应得的薪资。"你可以从老板的脸色看出，她很不高兴。但是，你继续说了下去："我要找一份能给我像样报酬的工作。"话一说出口，你就后悔了。如今，在你所在的领域里，工作很难找，而你无意中向老板透露你想离开了。你的老板就会说："我把这次谈话当作你已经向我提出了辞职。我们会想念你在这里工作的日子。"

你没有给对话留下妥协的余地。你把老板逼到了"墙角"并威胁她，没想到她给了你当头一棒。于是，你正式成了失业大军中的一员！

尽管这很困难，但至少在目前，你需要把不信任感搁置一旁，学会安慰自己——比如几年前，公司经历财务困难时，也出现过优秀员工仅小幅加薪的情况。如果你为对话而不是为争吵做准备，那

147

有效对话
应对沟通困难的7个原则

么这次谈话可能会进行得很顺利。

找老板谈话之前,问问自己理想的加薪幅度是多少,能接受的底线在哪里。如果在对话前明确这些,那么你会更容易妥协,这可能对你有利。具体是这样的。你和老板一起回顾你对公司的贡献。你做得很棒,老板也承认了这一点。然后她说很遗憾,她不能完全满足你的加薪要求。她只能给你加薪3%,这略低于你的最低要求。你很失望。于是你对老板说:"你知道的,我的希望是至少达到4%。"她也同意你应该得到更多。她说:"是的,我也感到遗憾。这样如何?我们一起为你的升职做准备,我大概在年底前确定下来。晋升带来的加薪幅度肯定超过你的期望。你觉得这个方案合理吗?"你开心地说:"当然!"如果在对话过程中,你对老板失去尊重,就会想赢得一场必败之仗。你的情绪会占据上风,很有可能让你说出一些不理智的话,就像第一个场景。最后,妥协的意愿带给你的回报可能远远超过了你希望的上限。

双方相互尊重,对话才能继续下去。一旦任何一方觉得自己被轻视,话题就会完全改变。被冒犯的一方(或多方)将立即进行防卫和反击,以维护他们的尊严——通常不计后果。我记得这种事发生在我和一个同事的对话中,他叫杰夫(Jeff)。诚然,我并不喜欢杰夫。因为他是那种自命不凡的人——我相信你见过这种人。作为人力资源部总监,我负责签署所有的加薪协议,并奉我的上司——副总裁的指示,拒绝任何超出预算的加薪。

第5章
妥协：敬人者，人恒敬之

那次年度考评时间，杰夫来找我。尽管有几份加薪申请超出了预算，他还是满怀信心地等我批准。在谈话开始时，我们都客客气气。作为一个老谋深算的人，杰夫等我批准并签署了大多数协议后，才提出了那几份离谱的申请。我们之间的对话是这样的。

我：杰夫，我无法批准这些加薪，因为它们超出了绩效预算。

杰夫：你不明白。没有这些人，就没有公司。

我：我知道你肯定不高兴。但是，如果我这次破例，其他人也想破例。

开始气氛还算融洽，直到杰夫说："听着，你就是不明白，是吗？"这句话改变了我们的话题。几秒钟之内，我们从讨论加薪转向我为自己的尊严而战。如果杰夫对我尊重一些，我可能会礼貌地建议他去找老板谈谈。

如果我能再和他对话，我一定不会那样做。当杰夫扔出那句话时，我会控制自己，深吸一口气。虽然杰夫有时的确令人讨厌，但我不相信他有意质疑我的判断力。我会寻求一个双方都同意的解决方案——某种形式的妥协。我可能不会对他表现出无能为力的样子，而是会说："我觉得我俩都在这件事上固执己见。让我们各退一步，看看能否找到一个令双方都满意的解决方案。"杰夫很可能会问："你有什么想法？"或者他会提出另一种替代方案。如果我

有效对话
应对沟通困难的7个原则

们俩都不那么固执己见，本可以想出办法的。

旁观者清，当局者迷。只有跳出激烈的对话，置身事外，你才会有清醒的思维和娴熟的行动。通过大量的练习，你将学会控制自己的情绪，提高读懂别人的能力，并会更加开放地寻找可接受的解决方案。你会追求进步，而不是追求完美。

💬 寻找共同点

有时候，我们之间的共同点只有一个，那就是我们无法达成一致。其实，分歧不一定是坏事——也就是说，如果我们能有效提出不同意见的话。分歧通常归结为个人观点。这可能有助于解释为什么人们对某个特定政治候选人会有完全相反的看法。那些无法与人礼貌对话的人，是不能或不愿意从别人的角度看问题的人。

我曾经目睹了人们的友谊因持不同观点而破裂。我也留意、观察并参与了一些中途破裂的谈判，原因是一方或双方拒绝考虑对方的立场。这类对话演变成了很不愉快的争吵。

这里有一些建议，可以减少不和谐，创造有利于取得进展的环境，并且不会对双方关系造成长期损害。

关注原因

你为什么决定对话？为什么选择讨论某个特定的话题？为什么

达成共识对你很重要？当每个人都明白为什么要去做某件事时，就有了寻找共同点的基础。我有一位客户找我，让我辅导她的一名员工。当她第一次提出这一想法时，她的员工立刻紧张起来。直到她把重点放在了"为什么"上，员工才明白她们都在为一个共同的目标而努力，即让这名员工受到同事们的尊重。我的客户对开始培训的时间做了让步，并同意让员工自己选择教练。最后，她选择了我。

认定目标不偏离

在会议或棘手对话中，人们很容易偏离方向。你可能觉得某种方式是最好的行动路线，而同事认为他的建议才是最好的。把进行对话的原因放在首位。如果你感到沮丧，提醒自己想要达到的目标。不要试图赢得每一场战斗，换谁都做不到。相反，要以大局为重，寻找你们之间的共同点。

对所有方案持开放态度

你有过这样的经历吗？和别人争论了一会儿，却发现你们说的其实是同一个意思。我有过。这种对话结束时，通常有人会说："嘿，我们在吵什么？我们说的是一回事！"如果以开放的心态寻求结果，而不是一心想让对方同意你的看法，就能找到共同点。因为通往最终目标的路不止一条。

有效对话
应对沟通困难的7个原则

试着理解别人的观点

尽量避免争论。当有人提出你不太赞成的观点时，你可以说："谢谢你的分享。"没有必要对别人说的每一句话做出回应，而是专注于倾听。这样做，更有可能发现你和对方的一致之处。

如果难以找到共同点，那么可能需要第三方来调解。客观公正的第三方可以清楚地解释观点，帮助你们化解矛盾，找出可以相互谅解的地方。

你来切，我来选

和大多数父母一样，我为如何在两个年龄相仿的孩子之间平均分配东西而伤透脑筋。我记得他们之间的很多争吵都源于一些愚蠢的事，比如谁有资格吃更大的那块蛋糕（尽管在我看来，都一样大）。我经常和其他家长讨论，如何平等对待两个孩子，不让他们觉得自己被轻视。因为想出一个可行的解决方案似乎是不可能的事儿——直到一位儿童心理学家建议我，让孩子们自己解决这个问题。我急切想要结束这种紧张局面，于是问她，该怎么和七八岁的孩子打交道。她说："这很简单。让一个孩子切蛋糕或者任何你们想平分的东西，然后让另一个孩子选择自己喜欢的那一块。"找到了！这是有史以来最好的育儿和工作生活建议！我来解释一下吧。

第5章
妥协：敬人者，人恒敬之

要想成功经营关系，双方必须各得其所，觉得自己受到了公平对待。当进行棘手对话时，将对方提出的建议和你的期望对比考虑。你和对方能相对公平合理地承担责任吗？"分享蛋糕"时，你能更慷慨一点吗？你们是否都觉得自己得到了想要的东西？假设另一个团队的人向你们团队提出请求，而这个请求似乎超出了你们的能力范围。作为负责人，你的第一反应是拒绝。这种回答可能会反过来困扰你，因为同事会去找你们经理，这对你来说不是好兆头。或者，如果将来你们需要对方团队的协助，他们可能也会拒绝。想找到一个可行的解决方案吗？你说可以承担这项任务，但在最后期限方面要保持灵活性，对方会同意吗？他的要求有什么不合理之处？解释你的逻辑，让同事相信你已充分考虑了他的请求。然后问问他，能否向你的团队建议完成这项任务的具体方法。

在工作和生活中，我们并不能随心所欲。当有人寻求妥协，对我们做出让步时，我们会很高兴，而且很少会忘记他们的付出和努力。

一位高管和我分享了她的故事。她通过满足对方和自己的需求，让双方都成为赢家。

我被聘用为客服经理，我很喜欢这份工作。刚开始一切都很顺利，直到公司易手，我被分配到一个新老板手下。我担心自己的职位被取消，因为原本已允诺过我提出的招人需求被拒绝了，而且新老板很少和我互动。

有效对话
应对沟通困难的7个原则

经过几个不眠之夜后,我决定和老板讨论一下这个问题。我写了一封电子邮件,告诉他我的感受,并问他是否可以谈一谈。我首先解释了我为什么感到不安。我是这么说的:"在公司被收购之前,我被您的前任聘为客服经理,这是个新设立的职位。他向我保证,这是一个关键角色,并且会给我所需的资源,让部门运转起来……自从公司易手以来,我提出的资源请求大部分都被拒绝了。"我的老板回答说:"跟你说实话吧。我们早有人在负责分配给你的一些工作。我们正在调查是否存在冗余以及怎样把事情做好。在解决这些问题之前,我们不会批准你所在部门的任何支出。"

当时,我感到自己不堪一击,因为我为了这个机会放弃了一份高薪工作。我花了一点时间让自己冷静下来,思考好的妥协方案。然后,我回复:"瞧!我就知道公司整合完毕后,我的实际工作内容可能和应聘时的岗位不同。如果有必要,我愿意在其他人手下工作。"我能感受到我的老板松了一口气。他回答说:"我很欣赏你灵活的态度。也许不会走到那一步。但是,你愿意考虑新岗位吗?我们一直在讨论客户体验的重要性,也正在寻找领导这个项目的人。你不用和客户进行日常互动,但是仍然要参与客户关怀。你有兴趣试一试吗?"

几个月后,我被重新指派新任务。现在,我是负责客户体验的带头人。这个角色更适合我,我比以前更快乐了。

佚名

第5章
妥协：敬人者，人恒敬之

当老板说她的工作有风险时，她本来可以马上与老板理论。相反，她退后一步，考虑自己愿意让步的条件。她的老板很欣赏她，因为她让这次谈话变得和谐，所以奖励了她一个比应聘时更好的职位。她很有礼貌地与老板沟通，并在整个谈话过程中保持冷静，这反过来也使她能够清醒思考。大家都能从这个案例中获益。保持冷静和寻求妥协为新的替代方案提供了机会，而这种结果是开始对话前双方始料未及的。

我也曾相当成功地应用过妥协方法。在职业生涯的早期，我被一家公司辞退，而且我自己也不太喜欢那份工作。那时候，有工作的人找到新工作的机会比没有工作的人的机会大得多。有一天，我的上司叫我过去，说他要解雇我。我预感到这种事要发生了，所以在去他办公室的路上思考了要说的话。我知道我的工作将落在我的上司的肩上，所以我提出了如下建议。我说："我知道我不适合做这份工作。但你能允许我在找到新工作之前留在公司吗？我可以在新人接替我的时候，帮你保持一切正常。"我能从他脸上的表情看出，他如释重负。当时，公司正在进行大搬迁，而他就是负责人。在那段极度紧张的时期，少做一件事对他来说都是莫大的安慰。他也不必向别人解释我为什么要离开公司了。他可以说，我难以克服去新办公室的通勤路程。这是互利互惠的局面。我继续留在公司，开始做我的咨询业务，并且培训接替我的人，这意味着他的工作量大大减少。无论站在对话的哪一方，一定要看看能不能让双方妥协，从而实现共赢——这样你们都会满意的。

💬 你想让我做什么？利用影响力达到目的

你可能认识一些人，他们似乎生来就有"影响基因"（不存在这种基因，这只是我的说法）。他们似乎天生就有能力说服别人赞同他们的任何建议。截至撰写本文时，还没有科学证据表明，影响力是我们DNA的一部分。幸运的是，对我们大多数人来说，影响力是一项可以学习的技能。

我把影响力定义为向他人提出要求，并在某种意义上让对方同意的能力。这些要求正是我们在具有挑战性的对话中想让别人做的事。在本书中，我一直在讨论健康的人际关系和富有成效的对话之间的联系。如果你和某个人有信任关系，那么说服对方做你希望他做的事情就会容易得多。如果你们没有信任关系，那么对方可能会认为你对他颐指气使。假设你和一位经理谈话，想给她换岗位。而你不确定她对这个消息会有什么反应。如果你和她关系牢固，她很可能相信你在为她的最大利益着想。但如果你们之间关系一般，她可能认为你别有用心，想抢走她的职位，交给你喜欢的人。

这里有一些技巧，可以帮助你更好地影响他人。

第5章
妥协：敬人者，人恒敬之

每天向"信托账户存款"

在前面的章节中，我介绍过"信托银行"模式。在激烈的对话中，成功影响一个不信任你的人的概率就像在美国夏威夷（Hawaii）体验下雪一样罕见，这就是我反复提起"信托账户"这个话题的原因。通过每天做一些事情来建立信任很简单，只要说到做到就行。

检查关系状态

每段关系都会经历起起落落。在对话中，别人是否会站在你这边，主要取决于你们的关系处于什么状态。假设你和同事在本周早些时候因意见不合而争执过。你对自己的处理方式不太满意，因为你说了一些令你后悔莫及的话。那么在修复好你们的关系之前，我不建议你在其他事情上与对方寻求共识。

明确你的要求

你是否有过这样的经历：有人想让你做事，但你不清楚具体是什么。你会觉得对方在故意捉弄你，因此可能气冲冲地走开。利用影响力时，最好准确地告诉对方你希望他们做什么。这为诚实的对话奠定基础，并让你能够根据对方的反应，调整请求。下例所示是一个有影响力的要求，我总会用这个例子来培训领导者，以提高他们的影响力。假设你在和一个员工展开紧张的对话。与其说"我需要你尽职尽责",不如说"我需要你在工作中表现得更好。我的意思是:制定项目战略,为团队成员分配任务,每周与同事互动跟进。"第二句话清楚地解释了你的期望,同时以建设性的方式推进了对话。

想一想"这给我带来什么好处"

早些时候,我提到过"设身处地为他人着想"的必要性。影响力大师一直都是这么做的。他们会问自己:"为什么别人会考虑我的请求?这给对方带来什么好处?"然后,把答案当作理由,加入请求的内容中。比如上述例子中,对话可以这样进行:"我需要你在工作中表现得更好。我的意思是:制定项目战略,为团队成员分配任务,每周与同事互动跟进。这样做,你就会有空闲时间和我一起挑选你一直推荐的新电脑软件。"

我们来理一理思路。你希望让一个员工负责新客户。不过,你担心他可能不想放弃对他来说最有利可图的原客户。如果你们之间高度信任,关系密切,那么你在影响力方面将处于有利地位。让我们试一试吧。"萨姆,我们一起工作了这么久,我一直鼓励你学习我们业务的方方面面。我希望你能考虑一下平级调动,负责新客户。我的意思是,你可以利用从现在的客户这里积累的经验和技能,为另一个客户服务。这样,你就会有全方位的代理经验,这会让你成为部门主管的最佳人选。"

假设你跳过上述任何一个步骤,不做进一步的解释,只是简

第5章
妥协：敬人者，人恒敬之

单地告诉萨姆，你想拿走最能让他赚钱的客户（因为你是老板，你有权这么做）。那么这时，你们的对话很可能会变成一场争论。萨姆会提出一万个理由来证明这是个馊主意，而你也会反击。一来二去，你会忍无可忍地说："我是老板，我已经决定了。"由于没有任何妥协的余地，萨姆可能会当场决定找别的工作。

学会让别人接受你的看法，这离不开实践练习。同时，你还需要心甘情愿放弃你的一部分要求，以找到双方都满意的结果。

💬 退一步，海阔天空

请记住，对于棘手对话来说，前进的最佳途径可能包括后退。飞机起飞前，你可能会多次听到航空公司的提醒："请注意，最近的出口可能在您的身后。"退后一步能推进棘手对话，你的大脑可能无法认可这一观点。因为我们习惯于认为撤退等于战败，或者至少是失去阵地。

通常情况下，后退一步使我们能够向前迈出更大一步，不后退的话就做不到。通过后退，我们可以为共同前进的新道路腾出必要的空间。

设想一下，你需要和老板谈一件让你不舒服的事情。你觉得老板对你有偏见。这种感觉引出了这样的对话："我觉得你对我太严厉了，你对别的同事可不是这样。每次我在会议上提出建议时，你

有效对话
应对沟通困难的7个原则

都马上否定。当其他人发表类似意见时,你却表示肯定,并叫他们详细说明。"

老板会回应说:"你说得是对。知道吗?我这么做是因为,你有能力比大多数人想得更深远。但是,你提出了一些肤浅的想法。我对你有更高的期望,我想让你大胆思考。"

然后,老板做了一件你从未想过她会做的事。她道歉了,承认自己的做法是错误的——这让你能够退一步思考。你回应说:"你的道歉对我很重要。谢谢!我们能不能花几分钟时间讨论几个例子,看看怎样才能全面思考问题?我们可以在每周的会议上进一步讨论吗?"她同意了。在接下来的半年里,你们进行了多次富有成效的对话。当你在会议上提出周全的想法时,老板表扬了你。一年后,你升职了,尽管你的很多同事也申请过这个机会。

开始对话时,你的目的是让老板认可自己的贡献。而实际结果是老板愿意提供指导,这最终让你获得了晋升机会,使你的职业朝着令人激动的新方向发展。如果当初你没有退一步,这一切就不会发生了。

很多时候,退一步是有意义的,尤其是遇到下列情形时:

- 目前的方法不起作用。
- 遇到了瓶颈,那就有必要休息一会儿,重新评估前进的方向。
- 对话进行得异常艰难。
- 气氛变得很紧张,感觉事情快要搞砸了。
- 你急于对话,但对方却默不作声。

第5章
妥协：敬人者，人恒敬之

- 你忘记了自己最初想要对话的真正原因。
- 发现自己渐失信心时，"暂停"再"重启"，这样可以恢复正常。

记住，退一步并不是失败的标志，而是表明你成熟了。随之而来的通常是成长和进步。

💬 缓和高度紧张的对话

我很爱我的兄弟马克，然而，一提到政治话题，我们就会陷入高度紧张的局面——嗯，更像是一场尖叫比赛，我俩会扯着嗓门争论。通常，我在使自己平静下来并表示"我不说了"后，对话才结束。信不信由你，我们的谈话曾经火药味十足，甚至导致我的血压上升到令人担忧的水平！这些年来，我学会了如何心平气和地同他交流，有时还能就政治话题进行文明交谈。

工作中不得不面对的许多令人不快的对话都有"升温"的风险，甚至可能达到"引爆点"，尤其是当一方或双方都决心要赢（不管胜利意味着什么），或者双方对讨论主题兴趣太浓时会更加危险。

这时，你需要给对话"降温"，以下是设置"恒温器"的方法。

控制对话

对方开始转移话题或试图改变方向时，拉回"缰绳"，提醒他们你想要达到的目的。你可以这样说："丹尼（Danny），现在我们不讨论那件事。我们要讨论的是……"注意：你可能需要多提醒几遍。

询问和确认

有时候，对方只是想把心里的话说出来，也有时候，他们希望你采取行动。如果你不确定自己该做什么，那就问清楚。比如，你可以问："听起来你很在乎这件事。我是只听听就好，还是给你提一些意见？"如果对方说想征求你的意见，但过去和这个人相处的经历告诉你，这不是他的一贯做法，那么试着问："你觉得有什么可行的解决方法吗？"

不要抢话

接话之前，确认对方已经陈述完毕。"我明白你的意思。"这句话有助于缓和气氛，向对方表明你在积极倾听。如果对方在你说完之前抢话，举起你的手说："我还没说完呢。"

从你的词汇中删除"但是"

一旦"但是"这个词从你的嘴里说出来，对方自然而然会提高警惕。从那一刻起，对话很快会走下坡路。你应该说："是的，还有呢？"这表明你愿意与对方进一步交谈，而不是只顾自己的要求。

第5章
妥协：敬人者，人恒敬之

避免使用指责性语言

曾经有人含沙射影地对我说，我们现在的处境都是我一手造成的。在这种情况下，我并不会想和那个人一起解决问题。绝对不会，我只想证明他说错了。考虑到这一点，我鼓励客户在棘手对话中，用"我觉得"提起话头。没有人能质疑别人的感觉。如果你说出"你对我不公平"之类的指责，对方肯定会反驳。

感谢他人愿意与你交谈

无论我和我兄弟的谈话进行得如何，我总是感谢他给了我启发。当有人愿意与你讨论一个胶着的难题时，你应当表示感谢。当然，如果这个人是你的上司，那么要斟酌措辞，因为"感谢上司的开导"之类的话可能让人听着不舒服。其实你可以重复对方所说的话："嗯，我听到你刚才说……。谢谢你给我解释了这些！"

同意中场休息

有时候，无论你多么努力，都无法化解矛盾。在这种情况下，最好中场休息，等双方都冷静下来后再回到谈判桌上。从激烈的对话中退出来，会使你有机会换个角度看问题。也许你会因此完全改变立场，或者至少可以和对方求同存异。

有效对话
应对沟通困难的7个原则

💬 警告：前方是死胡同

在工作中讨论一些令人不安的话题，如员工绩效、减薪裁员以及对同事不满——会给人的感觉像玩火一样危险。多年来，这类对话一直在职场引起风波。因为当声誉和生计遭到威胁时，人们会奋起反抗。

在某些情况下，你会发现妥协让步也解决不了问题。下面这些迹象表明，你已经无路可走。

你对别人的期望超过他对自己的要求

多年后我才明白，对别人的要求不能超过他对自己的要求。之前，我讲过莉拉的故事，她用五花八门的手段磨炼了我的耐心。她是个聪明的年轻姑娘，很有潜质。我曾以为我能拯救她，但差点因此"吐血而亡"。我对莉拉的期望超过了她对自己的要求。我心想可以帮她走上事业的光明大道。但问题是，莉拉甘愿做一个平庸的人。

我给你的建议是，如果你正在和某个人进行不愉快的对话，而且明显感觉到对方无意妥协，那么就不用讲下去了。你要问对方："你希望我们一起找到解决问题的方法吗？还是我应该就此打住？"如果对方给的答案是否定的，那就到此为止吧。请放心，无论你说什么，对方都会当作耳边风。

第5章

妥协：敬人者，人恒敬之

过于迁就

你是否发现自己为了表明灵活的态度，过于迁就他人？你不应该这么做。如果对方乐于接受你的提议，但没有提供任何回馈。那么谈话结束后，你会很快意识到自己放弃得太多，而对方却分毫未让。

妥协是双方都要做出让步。如果发现你是唯一一个愿意付出的人，那么试试这么说："我感觉只有我在为我们共同的解决方案而努力。对于这种情况，你愿意做出哪些让步呢？"如果对方不愿意，那就转身离开吧。人们会利用你——如果你允许他们这么做的话。

总是希望对方改变

说句实话，有些人根本不会妥协，比如我的那位难缠的同事杰夫，他以为我肯定会批准他那些远远超出预算的加薪申请。有些人一定要你顺着他，否则就免谈。我真的以为可以让杰夫稍稍屈服。但现在回想起来，我太天真了。杰夫是一名律师，受过用尽手段获胜的训练。妥协的想法与他战胜一切的愿望直接冲突。

你可能不认识杰夫，但你们公司可能就有这样的人。像我一样，你可能试图让这个人变通一点。但我可以根据个人经验告诉你，你会走进一条死胡同。他不会改变，因此你需要找到别的途径来解决问题。付出不一定有回报，不管你多么努力，都可能无法就下一步的行动达成一致。虽然这种结果令人失望，但如果明白每个

有效对话
应对沟通困难的7个原则

人都无能为力,那么你就不会太难过。到了这个地步,最好还是求同存异吧。

💬 知道什么时候该停止对话

在高度紧张的对话中,最难的部分是确定什么时候停下来。你会看到有些人喋喋不休地说着,甚至都不喘口气。他们可能觉得"话多有理",因为他们对找到富有成效的解决方案并不是真正感兴趣。不要学他们。

抽空停顿

提出另一个问题之前适当停顿一下,这样对方可以跟上你的节奏。比如,你对老板说,你觉得老板没有利用好你的才能。说完情况后,停顿一下再问:"你能理解我为什么会有这种感觉吗?"等老板回应后,再继续说。

如果写一个脚本来帮助你对话,不要忽略"舞台指导"。"呼吸、暂停"之类指导语言能够提醒你:当对话出现一些急转弯时,需要放慢速度。

适应沉默

我们都有过这样的经历:房间里突然变得鸦雀无声时,我们往

第5章
妥协：敬人者，人恒敬之

往忍不住想打破沉默。然而在严肃的对话中，最好的做法可能是沉浸于寂静。有时沉默是对话最有效的手段之一。如果你知道如何及何时在对话中利用沉默，那么它将改善你的人际关系，让你顺利搞定工作和家庭中的每一次交流。

沉默让人有时间深入了解情况。假设你和别人交流时，出现了片刻的沉默。这时，点头回应就行。保持眼神交流，让对方知道你的注意力没有分散。当双方都觉得对方在认真倾听时，谈话就会更深入。毕竟，大家都会努力填补沉默的空白。

爱思考的人会感谢你给他考虑问题的时间，这样他就能做出经过深思熟虑的答复。当你欣然接受沉默时，人们也会认为你是一个很棒的倾听者。沉默表明你在用心思考——你很在乎。爱人者，人恒爱之；敬人者，人恒敬之。

在下一章中，我们将介绍"信誉"原则，解释为什么行为比想法更重要。我们将讨论看法的力量，并介绍让行为准确反映想法的相关步骤。

学习要点

- 妥协指的是双方各自做出让步而达成的协议或解决争端的方法。
- 不健康的竞争会不惜一切代价取胜，这是解决冲突的错误策略。相比之下，妥协主张有得有失。
- 尊重是我们所有人都渴望得到的东西，但职场中似乎缺乏尊重。棘手对话对有些人更具挑战性，认识到这一点是与那些

有效对话
应对沟通困难的7个原则

和你看法不同的人建立尊重关系的第一步。

- 双方相互尊重，对话才能继续下去。一旦任何一方觉得自己被轻视，话题就会完全改变。

- 分歧不一定是坏事——也就是说，如果我们能有效提出不同意见的话。分歧通常归因于个人观点。

- 在寻求共同点时，认定目标不偏离，对所有方案持开放态度，并试着理解对方的观点。

- 要想成功经营关系，双方都必须各得其所，感到自己受到了公平对待。

- 影响力是向他人提出要求，并在某种意义上让对方同意的能力，这些要求正是我们在具有挑战性的对话中想让别人做的事。

- 你与他人的关系越牢固，就越容易影响这个人。如果没有这种关系，对方可能会认为你对他颐指气使。

- 请记住，对于棘手对话来说，前进的最佳途径可能包括后退。

- 你可以通过退后一步并提醒对方你所寻求的目标，为激烈对话设置"恒温器"。

- 在高度紧张的对话中，最难的部分是确定什么时候停下来。适应沉默，因为有些人需要深度思考。

第6章

信誉：

认识到言行一致的重要性

有效对话
应对沟通困难的7个原则

信誉不是与生俱来的,而是日复一日去争取的品质,是任何形式的有效对话必须具备的关键成分。如果一个人没有信誉,他说出来的话就毫无意义,所以我选择"信誉"作为工作中应对棘手对话的7个原则之一。在这一章中,我将讨论信誉是什么以及信誉不是什么、看法的力量——为什么行为比想法更重要,以及是否有可能改变看法。我将分享一些帮助领导者建立信誉的好习惯以及重建信誉的方法。随着居家工作的情况越来越普及,本章结尾将讨论如何在远程员工中建立信誉。

信誉是什么

工作中可以获得的重要资本之一是高度可信的声誉。然而,我们似乎不太注意别人对我们的看法,我也和大家一样,忽视了这个基本因素。我之前提到过,我在24岁时被提拔为高管。

我享受着作为部门总监该有的特殊待遇,包括一间角落办公室和一个预留停车位。我错误地以为,我的总监职位会带来信誉,就像被加冕为国王或王后一样。但我很快发现事实没这么简单。

我努力让自己的穿着显得更加成熟,希望这样能提高威信,但很快意识到除了我自己,我骗不了谁。同事们仍然把我当成没有工

第6章
信誉：认识到言行一致的重要性

作经验，甚至缺乏生活经验的黄毛丫头。我猜你会说我是没有威信的领导者的典型代表。而在当时，我并不知道。他们不认为我有工作经验。我从13岁就开始工作，在大学期间，做过几个合作项目。加入这家公司之前，我已经做了两年多的人力资源工作，我在这个领域颇有经验。然而，似乎没有人在乎这些。我知道他们对我的看法很重要。

担任这一职务的头几年是一场艰苦的战斗，可以说举步维艰。后来，我慢慢赢得了几个同事的支持。然而，更难的是说服执行团队中的一些关键成员认可我。我知道，我必须公平竞争，才能让他人认可我是这个职位的可靠人选。你知道的，几乎每个主管都有高学历。因此工作一年之后，我申请了休斯敦大学的MBA课程，并被录取。我觉得我必须尽快拿到MBA学位，这就是我下决心苦读并在两年内完成四年制夜校课程的原因。当我试图平衡研究生学业和全职工作之间的矛盾时，我差点丢了小命。

在攻读MBA学位期间，我注意到人们开始对我刮目相看。他们开始把我看成执行团队中的一名重要成员。毫无疑问，报名参加这个课程后，我变得更聪明了。但回想起来，我发现最显著的变化是我上班时的表现。在获得学位方面，我走得越远，就变得越自信。我浑身上下散发着自信的气质，这极大地改变了别人对我的看法。我觉得自己有了威信，想获得别人的尊重和信任，信誉至关重要。

许多人（包括我自己）都经历过或正在经历一种被称为"冒充

者综合征"的心理症状。这些人怀疑自己的技能、才华或成就，觉得自己是个冒牌货，总是担心会被揭穿。后来我才意识到，如果你认为自己不够格，那么别人更不会认可你。回顾自己的职业生涯，我意识到自己是如何出现信誉问题的。虽然从表面上看，我相信自己应该被提拔为高管，而且能胜任这份工作，但内心深处，我怀疑同事们对我的看法可能是对的。我认为他们都在等着看我失败，在潜意识里，我可能也等着自己失败。

信誉是指一个人被他人信任和被认为可靠，所以信誉的建立是从自身开始。如果你不相信自己，就不要奢望别人会相信你。《绿野仙踪》（*The Wizard of Oz*）是我最喜欢的电影之一，该片充分说明了这一道理。稻草人希望有大脑，胆小鬼狮子想变得勇敢，铁皮人想要一颗心脏。他们去见魔法师后，都拥有了各自梦想的东西。这些年来，我遇到过很多"稻草人"。他们认为自己不够聪明，或者因为学历受到歧视。在我看来，他们与稻草人这一角色的区别在于，后者一直在寻找解决方案，但这些人除了经常抱怨，很少或根本不做任何实事来改变自己的处境。某些时候，你必须承认你的现状是自己造成的。

企业有权为特定工种设定最低门槛。人们将生命安全托付给他人之前，有权期待对方接受过一定程度的教育。有些公司（或政府机构）针对某个特定的职位要求四年制或更高的学位，事情就该这样。不管你如何看待大学教育的价值，大多数人都承认大学学历是

第6章
信誉：认识到言行一致的重要性

一份信誉保障。想想吧。驾驶一辆由一群没有受过正规教育的人设计的汽车，或者接种只有高中学历的人研制的疫苗，你会放心吗？反正我做不到。

对许多人来说，获得学位可以树立信心。有谁不需要更多的自信呢？尤其是当你要和那些名片上姓名后面的缩写[①]多到整张名片都放不下的家伙竞争时。在写本章的时候，有人给我发了一篇文章的链接，该文讲述了一位聪明但未完成大学学业的人的故事。他过去常常抱怨自己没有学位，直到他的女朋友在他不知情的情况下，为他申请了一所大学。他觉得必须比别人更加努力，才能向雇主证明自己的能力。虽然他从不认为自己的知识严重不足，但总觉得缺少了什么。他开始后悔大学期间辍学的决定。几年后，他进入了一所网络大学，只花3个月就拿到了学位。在这段时间内，他凭借毅力和决心，完成了计算机科学学位所要求的34门课程（120学分）。虽然这是个极端案例，但又一次证明了"世上无难事，只怕有心人"这句话。信誉始于你的自信。

对话中，信誉是判断对方所说的话的可信度的依据。信誉对沟通至关重要，因为人们通常根据自己对沟通者的看法，而不是根据沟通内容来回应对方的说服性信息。在组织中，当有信誉的人提出

[①] 名片上姓名后面的缩写：英文名片上姓名后面的称谓（title）部分，一般为官阶、头衔、职位、职称、学位、荣誉称号等的缩写。——译者注

有效对话
应对沟通困难的7个原则

想法时，人们更容易接受和拥护，反之则不然。也许你是新员工，还没有机会证明自己的信誉。但好消息是，人人都可以树立信誉。你可以用下面介绍的方法来提高信誉，从而成功应对棘手对话。

好学多问

尽可能多地了解你所在的领域或要讨论的话题。比如，你将要参加一次会谈，而对方可能会质疑你所说的话。如果你对关键问题有很好的判断力，那么提前做好调查，这样你的话语会变得更可信。

我记得我和老板有过一次特别艰难的对话。我想说服老板引入一项新的员工福利——表面上看，这似乎要花很多钱。但庆幸的是我带着事实依据参加了会议。当他极力反对时，我没有退缩，而是向他陈述了事实。最终老板接受了我的建议，因为我已经向他证明我做足了"功课"，我的话是可信赖的。

假如我没有做好充分的准备，那么我的老板反驳我时，我会变得结结巴巴，回答不出问题。如此一来，我曾经在老板心目中建立起来的信誉将荡然无存。他甚至可能后悔当初为什么给我这份工作，那么最后肯定会拒绝我的请求。这将使我和他之间今后有关人力资源的讨论变得更加艰难。

言行一致

你有没有遇到过工作表现不稳定的人？我有过这样的同事，她

第6章
信誉：认识到言行一致的重要性

叫朱迪（Judy）。有时，她把工作做得几近完美，但有时像换了个人一样。我们就这一问题讨论了好几次。然而，她的业绩一直时好时坏。她因表现不可预测而错过了一次晋升机会。我不敢相信她能胜任要求更高的工作。此后不久，她就离开了公司。

我们的行为比想法更重要。若想提高信誉，那么确保你的言行是一致的。否则，人们不会信任你，你也就很难处理工作中的棘手对话。下面这个典型例子就说明了言行不一对一个人的信誉造成的损害。

想象一下，你的公司正在经历一段艰难时期。今年早些时候，你告诉员工，每个人都要减薪10%。后来员工们发现，有几个人例外，还有一个人甚至得到了加薪。你现在需要告诉员工，今年不会发放年终奖。但你还要发表演讲，号召各位员工继续效力于公司发展，共同扭转局面。

把演讲留给在乎你的人听吧。你已经证明自己是个言而无信的人了。我以前遇到过这种事。我的一位客户因为类似的行为，失去了公司的明星工程师。说白了，那个员工不再相信我客户的话，因为他说一套做一套。记住，想让别人认为你有信誉，信任是必要条件，处理工作难题时尤其如此。如果与你交谈的人不信任你，最好省点口舌吧。

承认错误

没有人要求你做到完美，但人们希望你能坦然承认所犯的错误,并采取纠正措施。以正确的方式承认错误,不仅能提高信誉,还可以相互激励。如果一个领导者能承认错误并承担责任——特别是当他可以为自己的利益,轻松推卸责任或调转矛头时——那么他的做法将会对其他人起带头作用。

我们都认识一些习惯性说"对不起"的人,他们主要是为了摆脱对方的纠缠,想赶紧结束对话。过不了多久,他们的道歉将变得毫无意义。如果你犯了错误,想挽救信誉,可以考虑用这种方式构建对话:告诉对方你会主动承担责任,并且把这次教训当作学习改进的机会。

请看下面的例子:我以前辅导过的一位高管客户因为一个错误的商业决策,向他的团队成员道了歉。该决策浪费了大量时间,他们不得不无偿加班来赶进度。很多人可能会说:"对不起,我搞砸了。感谢你们在过去几周里付出的努力。"但他没有这样轻描淡写,而是说:"归根结底,这是我的责任。我误判了供应商交付订单所需的时间。我们不得不在晚上和周末加班,才能弥补失去的时间时,我的确要为此向你们道歉。我现在明白怎么做了,我可以向你们保证,今后我会加强沟通。如果我的所作所为给你和你的家人造成了不必要的麻烦,我深表歉意。"他的团队成员对他的这番话感到满意。因为他们觉得他不是在说空话,他诚恳道了歉,而且似乎已经从这次经历中吸取了教训。

大约一周后,一名员工来找他,为自己所犯的错误道了歉。这名员工勇敢承担了责任,并与他分享了自己吸取的经验和教训。别

第6章
信誉：认识到言行一致的重要性

的经理可能会因为员工犯了代价高昂的错误而解雇他，但我的客户不会这样做，因为他深知承认自己犯错有多么难。他把这段经历看作在职培训，并赞赏了那名员工的坦诚。看来，之前我的客户道歉的时候，他的员工不仅在听、在看，还铭记在心。

信誉不是什么

当人们觉得彼此之间需要更深层的信任时，信誉就很难轻易提升。信誉不是随用随拿的东西。建立信誉需要相当长的时间，所以要长期重视提高自己的信誉。

首席执行官、副总裁、医生或护士等一些职位本身带有一定的信誉。然而，单单一个头衔并不能代表一个人。我们听到过很多显赫人物身败名裂的事例。人们可能即刻想到安然（Enron）公司首席执行官肯尼思·莱（Kenneth Lay）和塞拉诺斯（Theranos）公司首席执行官伊丽莎白·霍姆斯（Elizabeth Holmes）。还有一些下层领导担任高层职位后，很快就丧失了信誉。许多人认为自己爬上高位，就能拥有与之相应的威信，但实际上他们并没有赢得所服务的人的信任。事实上，人们并不宽容，尤其是对方没有向他们的"信托银行存入足够的钱"的时候。当一个领导者因工作失误而失去员工的信任时，人们不会耐心等待他恢复名誉。这里有一个这方面的例子。

我的一位客户叫约翰，他被提拔为首席运营官。他是一个勤奋的人,一步步打拼到了今天的位置。相对来说,进入高层之前,他很受人欢迎,大家都信任他。他的同事们向我透露,大约从他晋升那一会儿起,他们注意到约翰的态度发生了变化。他的下属也注意到约翰不再是谦虚、坦诚的沟通者。有时候,他在工作中爱摆领导架子。问及运营方面的问题时,他会回答:"我说了算。""你为什么要质疑我?我是首席运营官。"他不断提起他头衔的行为令人厌烦。没过多久,人们不再信任约翰。当他带头运营的一个项目出现失误时,情况就变得很糟糕。过去,大家会热情地向约翰伸出援手,但现在不会了。因为他已经失去了信誉,因此当他落难时,人们只会袖手旁观。约翰的致命错误是认为他的头衔有足够大的影响力,别人理应对他毕恭毕敬——其实不然。

  幸运的是,约翰还剩下一个盟友——他的首席执行官。他请我来帮助约翰走出困境。首先,我要让约翰知道组织中的其他人对他的看法。老实说,他还没意识到他的行为正在损害他的信誉。我们开始的谈话并不顺利,但探讨了几次后,约翰终于明白自己错在哪里。他直接去找他的同事和下属们,向他们道歉。他请求原谅,并承诺以后会改正。他告诉员工们自己正在与一位高管教练合作,努力改变对他本人和组织不利的行为,他甚至邀请了员工中的一些人参与这个过程。约翰花了半年多的时间,改变了自己的行为,找回了以前的自己。他对我坦言没想到一个人会这么快"堕落",同时感激他的首席执行官及时"拉"了他一把。

第6章
信誉：认识到言行一致的重要性

与刚开始合作时相比，约翰已经大不一样了。他变得谦虚，明白了职位头衔意味着更大的责任。伴随头衔而来的是人们对领导者行为的期望以及或明或暗的承诺。领导者的行为是受大家监督的。如果你不想抛头露面，那么最好做个"个人贡献者"。

💬 看法的力量

人们习惯于按自己的理解评判别人，因此了解并控制他人对你的看法是至关重要的。不同的人往往对相同的现实，抱有不同的看法。他们认为自己是对的，别人是错的；问题不在于自己，而在于对方——这种情况很常见。

我们对同一情况有不同的看法，是因为个人生活经历塑造了不一样的视角，也可能是因为我们获得的信息五花八门。这有助于解释人们在面对一场艰难的对话时，为什么会仓促下结论。我们总是基于自己说的话，自以为知道对方会说什么，所以不仔细倾听，反而忙着准备怎么回应；或者联想到别人身上发生的类似事件，假设对方有恶意。当这种情况发生时，谈话很快就会失去控制，而且很难再度掌控。

人们总是根据我们的行为来评价我们。他们会问自己："这个人可信吗？""他说的是实话，还是为了取悦我？""我能相信他吗？"一个人如何回答这些问题，取决于他对谈话对象的看法以及

有效对话
应对沟通困难的7个原则

在类似情况下的经历。人们很难忽视自己的看法。然而，如果我们在应对严肃的工作对话之前，从不同的角度问自己类似的问题，会怎样？如果我们重新思考这些问题，反过来问自己："这个人觉得我可信吗？""他有任何理由怀疑我吗？""我是否给了他不信任我的理由？"也许你不知道这些问题的答案，但不要担心。如果解决高风险问题时陷入死胡同，你可能就会决心进一步探索。

这里有一个例子，当别人对你的看法可能不同于你对自己的看法时，可以利用这些问题来克服工作中遇到的难题。我向来不是一个喜欢拐弯抹角的人，我甚至想大声说出人们刻意回避的事情。在我职业生涯的早期，我曾与公司的前台接待员就合适的职业着装进行过一次棘手对话。事情是这样的。

我：你可能没有意识到你的穿着完全不适合上班。在公司里，怎样展示自己很重要，尤其是客户一进来，第一个看到的是你。

前台：我穿的衣服有什么问题吗？

我（心想：不会吧？）：我知道每个公司的氛围不一样。适合这家公司的职业装并不一定适合那家公司。在这里，我们倾向于穿着保守，因为我们服务的是高净值人士[①]和机构。我们这里最合适穿

[①] 高净值人士：指的是资产净值较高的个人。一般而言，这一群体的个人资产净值在100万美元以上。——译者注

第6章
信誉：认识到言行一致的重要性

剪裁得体的职业装。

前台：嗯，因为我一下班就要去参加一个派对，没有时间换衣服，所以我以为可以穿这件来上班。

我：我知道着装问题确实不好把握。我刚来这里的时候，也有人提醒过我，我对她表示了感谢。

前台：我觉得我穿戴这样没什么不妥吧。

我：听着，我做过什么让你不信任的事吗？我希望你能获得升职的机会。如果我觉得你没有这种潜力，我就不会花时间和你讨论这个问题。

当我问她为什么不信任我时，突破性的时刻到来了。早些时候，我帮她处理了一个难题。我以为我们之间的信任，足够可以让我处理这种令人不快的情况。但随着谈话的深入，我发现自己高估了我们之间的关系。要确定这一点，唯一的办法就是询问。我问道："你有什么理由不信任我吗？"这导致对话暂停，这位前台接待员默默思考了一会儿。当她意识到我真心想帮助她时，她的语气明显变了，就像按下了复位键一样。我们接着聊起了适合年轻职业女性购物的平价商店。

试图解决意见分歧时，人们会浪费大量的时间和精力来兜圈子。当我看到这种情况发生在客户身上时，我会问："答案就在你的眼前，为什么要绕来绕去？"这一问题通常能引起他们的注意。把自己看到的情况如实说出来，直接沟通比拐弯抹角能更快地达到对话目的，而且能提高你的信誉。因为人们更加信任直率的人。

想要确切知道别人的看法，唯一的方法是询问。你可以问："我们看待这件事的角度似乎很不一样。我觉得是这样。你是怎么看的？"改变他人的看法是一件很有挑战性的事情，我们将在下一节中详细讨论。如果你完全不了解对方为什么持这种看法，那么改变几乎无从谈起。有疑问的时候，尽管问！

💬 有点眼力见：你的信誉在下降吗

信誉建立在对他人的信任和道德行为的基础上。事实上，根据2020年《爱德曼信任度晴雨表》[5]（*Edelman Trust Barometer*），"道德规范"要素对企业构建信任度的贡献是"能力"要素的三倍。进一步解释的话，"正直"是首要推动要素，其次是"可靠"和"使命"。人们不是在为公司工作，而是在为他人工作，所以调查对象关注与公司的领导者有关的因素也就合乎情理了。这份报告的另一个有趣发现是，专家和同事的眼里，一个组织中谁最具信誉：技术专家的得分为68%，而首席执行官和成功企业家的得分要低得多——两者均为47%。

那么，当你无法为自己进行正式的360度评估时，你如何确定自己的可信度呢？360度评估要求让你的经理、同事和直接下属对你的行为提出反馈。你可以向组织里的人寻求帮助。表6-1给出了可用于

第6章
信誉：认识到言行一致的重要性

收集此类信息的快速简便的可信度评估方法，建议每半年征求一次反馈。这样，如果你的信誉有所下降，就会有机会及时纠正。

表 6-1 可信度评估表

请在以下各个方面给我打分	4= 总是 3= 多数时候 2= 有时候 1= 很少 0= 从不 N/A= 不适用
承认错误的能力	☐
做错事时，是否愿意道歉	☐
是否愿意纠正错误	☐
是否及时让你们了解情况	☐
无论是好消息还是坏消息，是否都能坦诚相告	☐
是否承诺支持你的职业抱负	☐
是否如实回答棘手的问题	☐
是否说到做到	☐
是否及时回答你的问题	☐
是否用心思考你的问题	☐
当我不知道的时候，是否愿意承认	☐
我的领导力是否可靠	☐

注：需要立即关注任何得分为2分或更低的选项。

有效对话
应对沟通困难的7个原则

现在,你知道了自己的可信度处于什么水平。下文中,我们看一下可信度下降的迹象以及如何提高信誉。

人们不再向你倾诉

你的下属,甚至你的老板过去常常向你倾诉,但现在,他们不再这样做了。人们往往对自己喜欢交往的人倾诉。去试着确定你是从什么时候开始注意到这种变化的。是因为你承担的任务太多,不再有时间和别人聊天吗?是不是发生了什么事,让对方觉得你违反了保密规定?确定这一改变开始的时间,这可能有助于你在他人心中重建信誉。你可能还欠对方一个道歉。如果是这样,请参考下面的对话。

你:我忽然觉得我们之间的关系变淡了。以前,你会找我聊天,跟我讲一些事情,但现在不会了。我是不是做了什么事,让你不再相信我?

老板:嗯,很高兴你提出这个问题。几个星期前,我私下和你透露了一些消息。后来,我发现你告诉了别人。

你:我不太明白你的意思,能说得具体点吗?

老板:行。我跟你说过,我们可能要裁掉一些员工。第二天,你手下的一个员工来找我,问他的工作是否安全。

你:哦,我明白了。事情是这样的。那天,我们的谈话结束后,那名员工来找过我,说他打算买房。我们度过了艰难的一年,

第6章
信誉：认识到言行一致的重要性

收入也减少了，这是大家都知道的事情。我提醒了他这一点，并建议他过一阵子再决定重大的购置事项。不过，我能理解你为什么会怀疑我说出了机密消息。我希望我的解释能让我们的关系恢复正常。

老板：很好，那我放心了，原来只是个误会。谢谢你主动和我说这件事。

你不再被视为关键人物

以前，人们有问题时，第一个会向你咨询。但现在，他们都不来找你了。你曾经因为粗心大意，犯了一些错误，没想到这对你的信誉造成了损害。下面的方法也许能帮助你针对这个问题和同事展开对话。

你：以前，我是第一个被你们叫去解决问题的人。老实说，你们很久没找过我了。到底发生了什么事？

同事：我实话实说吧。因为你的工作不再让人放心了。我们得再三检查你做的图纸，要做很多没有意义的工作。

你：你说得对。我有时候心不在焉。那你觉得我有办法赢回你们的信任吗？

同事：我不会对此做出任何承诺。但你必须重新赢得我们的信任。

你：很有道理。那让我从现在开始吧。

185

有效对话
应对沟通困难的7个原则

你错过了晋升机会

你以为自己锁定了升职机会,结果却发现被别人抢先一步。这究竟是怎么回事?晋升决定是根据员工的绩效和潜力做出的。在某一时刻,你可能在不知不觉中失去了信誉,最好现在就找出原因,防止这种情况再次发生。我们可以从如下对话开始。

你:我不明白。我以为我肯定是这次晋升的不二人选。

老板:半年前你可能是,但现在情况不一样了。

你:什么意思?

老板:过去几个月里,我给了你几次在领导团队面前展示的机会。但你的表现只能算中规中矩。简单地说,你没有给任何人留下深刻印象。

你:能说得再详细点吗?

老板:你刚来的时候,我们很快就认为你是个很有潜力的人,这意味着我们对你寄予厚望。在你的年中绩效评估会上,我们详细讨论过这个问题。但在上次的领导层会议上,你的表现不尽如人意,而你的同事却十分出彩。所以领导团队一致认为她才是这次晋升的正确人选。

你:那太可惜了。那以后,我需要注意些什么,才能证明我已经准备好承担更多的责任?

第6章
信誉：认识到言行一致的重要性

老板：讨论这个要花很多时间。让我们把这个问题列入每周例会的议程吧。我们都需要好好考虑一下。

展示自己的能力对信誉的建立至关重要，这是无法回避的问题。你可能认为某人朴实厚道，但如果他的行为前后矛盾的话，你也不会完全信任他。时而信守承诺，时而背信弃义，或者工作表现不稳定，都可能让一个人的信誉急剧下降。当我们与缺乏信誉的人交谈时，工作对话的挑战性会加剧。也有可能出现一些奇迹，使你们达成了一致的解决方案。但是，实现这一承诺的后续行动不太可能发生。

💬 改变看法：有可能吗

经常有人问我是否有可能改变别人的看法，我想这取决于你看问题的角度。我来说说一位客户的故事，尽管她教育背景优秀，工作经历完美，但她的同事或公司还是不重视她。

在职业生涯的早期，我换了一份工作。在新公司里，我一路晋升为高管。几年后，我回到原来的公司，当了一名主管。入职6周年纪念日那天，我决定去找新上任的人力资源总监，谈一谈我想进入高管层的愿望。我去找他后，他跟我提了一件有趣的问题。

有效对话
应对沟通困难的7个原则

他说："在这家公司里，很多人仍然把你视为排队等机会的人。这些家伙也是从基层做起的。他们已经升迁了，但你离开过这家公司。他们不关心你离开后做了什么。他们只知道，你回到公司是为了领导一个全球项目。"我问道："那我该怎么办？"他说："你需要改变他们对你的看法。"

看法是人们自认为的事实，我通过行为特征培训了解了这一点。任何外部影响都无法改变个人看法，除非这个人愿意接受新的现实。我问了他一个问题，以确保我没有听错。"你是说我必须改变他们对我的看法？"他说："是的。如果你想让我帮你在这里发展事业的话，这正是你需要做的事。"

这一认识令我心痛。多年来，我发起了许多全球项目，并成功证明了我作为领导者的信誉。那些不真正了解我个人或我的能力的人在阻碍我成长。我的选择很明确：重新开始，在新的地方培养别人对我的新看法，这是我发展事业所必需的。不久，我便离开了这家公司。

杰奎琳·麦克弗森（Jacqueline MacPherson）博士
工程加工和包装部副总监
耐斯-帕克产品股份有限公司（Nice-Pak Products, Inc.）

改变别人的看法并不容易——我是说，真的很难。不过，你还是可以改变别人对你的看法。我很清楚这一点，因为我对高管们

第6章
信誉：认识到言行一致的重要性

所做的大部分辅导工作都涉及改变他们的行为，直到改变利益相关者对他们的看法。一个人要想成功改变他人对自己的看法，需要有迫切的愿望和超强的自制力。当然耐心也是必需的，因为改变看法可能需要几个月，甚至一年的时间。花这么长时间是因为对某些人来说，行为的改变只是暂时的。我们都知道这种情况：有人说要改变某种特定行为，比如吸烟。一开始时很坚定，大家都为他感到骄傲。但3个月后，我们看到他从后门偷偷溜出去抽烟。下次当他说要戒烟时，我们就会说："哦，当真？"人们相信自己的亲眼所见、亲耳所闻和内心所感。所以你必须坚持你的新行为，才能改变别人对你的看法。只有这样做，人们才会相信你是一个可信赖的人。

杰奎琳以前那家公司的人力资源总监说得没错——杰奎琳需要改变别人对她的看法。不过，在某些情况下，改变看法所需的努力远远超过了所带来的好处。我认识杰奎琳，也了解他们企业的文化：在那家以男性为主的组织里，她是为数不多的女员工之一。尽管她拥有博士学位，而他们很少有人拥有这么高的学位，但她从未受到过平等对待。改变哪怕一个人的看法，也要付出很大的精力，而且是不值得的。鉴于这种情况，对她来说，在其他公司建立新的看法是正确选择。我最近和杰奎琳聊过，她现在就职的公司热烈欢迎了她。虽然她的同事还是男性为主，但她在这里备受重视。

让我们假设，杰奎琳在以前的那家公司里有发展前途，值得努力改变别人对她的看法。那么，我会建议她请人力资源总监（或外

有效对话
应对沟通困难的7个原则

部人员）协助她进行360度评估。360度评估可以让杰奎琳深入了解别人对她的看法。接下来，我会建议杰奎琳选择一两个阻碍她晋升的行为，致力于改变这些行为。同时我还会建议她联系利益相关者（其中一些是在她离职期间晋升的团队成员），让他们知悉自己的奋斗目标，并寻求他们的帮助。她将和利益相关者一起制订行动计划，在他们的帮助下担任新的职责。在自我改进的同时，直面问题并寻求指导，这是我在辅导客户时使用的"以利益相关者为中心的教练方法"的一部分——经过多年实践，我发现这是在职场中改变他人看法的最有效的方法之一。利益相关者更愿意帮助那些公开向他们求助的人，而且往往会成为这个人最大的支持者。

某些情况下，你造成的损害太大，以至于无法改变人们的看法。举个例子，麦当劳（McDonald's）的前首席执行官史蒂夫·伊斯特布鲁克（Steve Easterbrook）违反了该公司的规定，与一名女下属发展了两情相悦的关系。这家快餐巨头表示，麦当劳禁止管理人员与直接或间接下属发生恋情，而伊斯特布鲁克在这件事上犯了严重错误。伊斯特布鲁克被解雇了。后来，麦当劳对伊斯特布鲁克提起诉讼时透露，事情远不止当初所说的那么简单。伊斯特布鲁克在被解雇前的一年中，曾与3名麦当劳员工有过肉体接触和不正当性关系，并且在与其中一人保持性关系期间，批准给予此人价值数十万美元的股票奖酬。

再多的辅导也无法改变世人对伊斯特布鲁克这类人的看法。别

第6章
信誉：认识到言行一致的重要性

白费口舌了！如果在你的组织里有这种危险人物，最好赶在他造成更多伤害之前及时止损。

💬 与远程员工建立信任关系

与经常见面的人相比，在平时不见面的人中建立信誉要付出更多的努力——不管怎样，这还是有可能的。比如，当你们都处于同样的境况时，会更容易做到。

2020年，新冠肺炎病毒大流行刚暴发时，许多人（包括我自己）都不知道在家工作时如何与同事和客户建立关系。很多人想方设法与不在身边的人交流。人们面临着相同的挑战，这一事实使我们更容易建立融洽、信任的关系。当大家一起探索时，人们似乎变得更加包容，不再苛刻。

我们很快意识到，在突然不见人影的员工队伍中成功建立并维护信誉，需要行动和沟通才更具目的性。我们可能要花一段时间才能理清楚该怎么做。以下这些关键信息可能有助于组织在远程工作环境中，建立更好的关系和更高的信誉。对于一名员工来说，这些建议也将有助于建立和保持个人信誉。

打开网络摄像头

我知道有些人不喜欢在Zoom电话中打开摄像头。有些情况下，这是个好习惯，但并不适用于所有场合。利用网络摄像头，将参会者的面孔与名字对应起来，这样做可以提高熟悉感，并加强你和其他成员之间的联系和信任。如果由你来主持会议，请提前通知大家：希望大家开会时打开网络摄像头。

加大沟通力度

俗话说眼不见心不烦，这句话似乎很有道理。但远程工作时，你的老板不知道你是在家工作，还是出去办事。所以对于远程员工来说，经常与老板沟通，汇报工作情况是很有必要的。

如果你没有这样做，考虑一下每周与你的老板或下属通15分钟电话，保证你们之间的联系紧密通畅。没有什么比"被排除在圈子之外"的感觉，更能破坏远程员工的信任了——尤其是涉及重要决策时。确保让你的远程员工了解公司的战略选择、人事变动和其他重要公告。这样做将帮助你与员工建立信任关系，也能保持你的信誉。

遵守回应时间

关于信誉和承诺的重要性，我们已经讨论了很多。遵守回应时间，对建立信任关系有很大帮助。与大家在同一个楼层工作时相比，跟进一个相隔几千米或几个时区远的员工，可能耗费更多的时间。如果你知道自己不能在规定期限内完成工作，那就立刻让对方知道你需要更多时间。

选择正确的沟通渠道

各家公司似乎提供了多种多样的沟通渠道。你可以根据你的目标和想要传达的内容，选择最合适的渠道。例如，"微软团队"、Skype或Zoom这样的视频软件适合建立融洽关系。Slack、Basecamp和old Text软件是在不打扰团队成员的情况下，保持联系的极好方法。当然还有电话，许多人忘记了它仍然是选择之一。

我的儿子扎卡里是一家合作社的远程员工，最近他从雇主那里得到了一份惊喜——公司的礼品券。我认识的另一个远程工作人员丹（Dan）说，他的经理偶尔会无缘无故地给他送去办公用品，还时不时带给他几袋他喜欢吃的零食，并附上一张纸条——上面写着："我知道你一直在埋头做公司网站。吃点零食吧，不要饿着。"丹说，当知道老板在关心自己时，感觉很好。他喜欢那些纸条，因为它们让他觉得自己并不孤单，他的老板知道他的付出。

我的一位客户为她的远程员工们预约了外卖餐食。她知道在家工作的情况下，时间紧迫的时候，做饭会有很大压力。她希望这份惊喜能让她的员工们度过更愉快的夜晚。

无论你的员工居住在哪里，偶尔的赞赏和感谢会让他们感受到你对他们的重视，这有助于你们建立信任关系，并提高你在他们心目中的信誉。不要担心你的表达方式是否正确，感谢的行动才是最

有效对话
应对沟通困难的7个原则

重要的。

下一章要讲的内容是"勇气",这是本书所介绍的第7个原则。我们将探讨一些更具挑战性的工作场景和对话,你可能需要鼓起勇气才能应付它们。

学习要点

- 信誉不是与生俱来的,而是日复一日去争取的品质。
- 信誉是指一个人被他人信任和被认为可靠。
- 当你表现出自信时,别人会觉得你更加可信。
- 你可以通过好学多问、言行一致、承认错误,提高自己的声望,让自己更轻松地驾驭棘手对话。
- 我们的行为比想法更重要。
- 人们习惯于根据自己的理解来评判别人,因此了解并控制他人对你的看法是至关重要的。
- 人们不是在为公司工作,而是在为他人工作,并愿意留在他们信任的人身边。
- 改变看法是很难的,但可以做到。要成功改变人们对你的看法,就需要有迫切的愿望和超强的自制力。
- 与经常见面的人相比,与平时不见面的人建立信誉要付出更多的努力。打开网络摄像头,加大沟通力度,并记得对远程员工表示赞赏。

第7章

克服障碍

有效对话
应对沟通困难的7个原则

　　我选择"勇气"作为在工作中驾驭棘手对话的7个原则之一是因为高风险对话通常需要一定的勇气。"勇气"是最后一条原则，但并不是说它的重要性不如其他原则。在这一章中，我将介绍发挥勇气天赋的重要性，并就如何适应不适环境提供指导。我还将讨论我最喜欢的话题之一，即"办公室政治"，这是很多人宁愿逃避的话题。我的目标是帮助你提高快速应对高度紧张、争权夺利的工作环境的能力，并指导你明智地选择参与或退出职场斗争。在本章的结尾，我们将讨论当你似乎变得灰心丧气时，如何找回勇气。

💬 发挥你的勇气天赋

　　你有没有做过一些自认为微不足道的事情，但别人却惊叹："哇！这需要很大的勇气。""你真的很勇敢！我永远也做不到。"你可能会想：他们为什么要小题大做？这是因为在不同情况下，人们表现出来的勇气可能会有所不同。例如，我经常在容纳500多人的大会场做公开演讲。在一大群人面前，我从不感到怯场。我的一位医生朋友听到后对我说，即使是出席小型会议，她也会感到紧张。她觉得我很勇敢。反过来，我也想不明白她是哪里来的勇气，能够日复一日地与病人打交道。这是我永远做不到的。

第7章
勇气：克服障碍

勇气是不顾恐惧，勇往直前的决心。它不仅仅是一种心态或情感，还是行动的原则——即使感到害怕，也会鼓起勇气去做某件事。第一次参加特克斯和凯科斯群岛（Turks and Caicos）的夜间潜水活动是我最难忘的勇敢的时刻之一。当时我很紧张，因为我不是一个经验丰富的潜水员。不过，我还是想要尝试一下，因为我听说过关于这种潜水的精彩故事。我记得潜水长给我们发出下水信号时，我的心态还没准备好。

但不知为何，我鼓起勇气，从船边跳了下去。大约一分钟后，我感觉到有人拉住了我的手。我们一起下潜，欣赏着周围的美景。我感到平静与安宁。当我们回到船上后，有一对夫妇开始吵了起来。妻子对丈夫说："你答应过要牵我的手。"而她的丈夫大叫道："我牵你手了呀！"当我意识到他就是牵我手的人时，我忍不住笑了。看来，在黑暗的海洋中，他把我错当成了他的妻子。这次经历教会了我两件事：当面对逆境时，我要么选择一头扎进去，要么让恐惧阻止我。这也让我意识到，当有人在身边陪伴时，我们的担忧能够缓解。我希望当你鼓起勇气，面对工作中那些不得不处理的棘手对话时，有人能在你身边为你排忧解难。

我经常提醒客户发挥自己的勇气天赋。人人都有这样或那样的天赋，勇气是其中之一。然而，恐惧让我们不敢做能做的事，不敢说该说的话。诚然，在商界，勇气很少能像生死关头或好莱坞电影中出现的英雄行为。然而，人们还是畏惧工作中的艰难对话。下

有效对话
应对沟通困难的7个原则

次当你因为恐惧而犹豫不决时，我希望你记得发挥你的勇气天赋，并提醒自己拥有超能力——可能是从挫折中迅速复原的能力，或者是缓和激烈讨论的诀窍；也可能是天塌下来都不慌张的本性。下一步要权衡利弊。如果你继续对话，最糟糕的结果会是什么？如果你保持沉默，会错失什么机会？那么你会发现，大多数时候，风险并不高，反而有很多好处。鼓起勇气，行动起来。你越是勇敢面对恐惧，越能轻松克服它。

下面的例子是一次未经事先准备的勇敢对话，双方都发挥了自己的勇气天赋，说出了该说的话。

多年前，我曾受雇于一家非常知名的杀毒软件公司，作为首席执行官助理，在一位宾夕法尼亚大学沃顿商学院（Wharton School of Business）毕业的天才手下工作。他西装革履，谈笑风生。他的前任首席执行官是公司的创始人，是一位疯狂的人物（现在很出名）。我的职责包括监督公司的会议。那段经历真的很特别，从那以后我再也没有做过类似的事情。该公司的高层提倡不择手段，只管去做，事后再请求谅解。我们的首席执行官有一句名言"速战速决，抓住机会"。

有一件事至今让我记忆犹新。我当时正策划在征服者酒店（EI Conquistador Hotel）举办一场大型国际会议。从客人抵达到地面交通、欢迎礼物、舞台布置、灯光照明、演讲和食物，这一系列后勤

第7章
勇气：克服障碍

工作是庞杂的。筹备活动的过程中，我接到前台打来的电话，说是登记入住的人搞错了住店日期，导致房间没有提前准备好。我和担任这项工作的员工一起把清单看了一百遍，也没弄明白是怎么回事。

我用对讲机给酒店联系人打了电话，然后我们见了面，想弄清楚出了什么问题。我对我的员工说："为什么前台总是打电话问我客人到达的事？这是我托付给你处理的任务。"我盯着清单看了又看，终于发现Excel表格中有几行内容被删除，这导致清单上所列600名客人的到达日期全都乱套！

我在大厅里对她喊："项目刚启动就出这么大的差错，这不是个好兆头。人人都有自己的任务，而你一开始就把它搞砸了！"我用力踢了一株盆栽，差点打碎了玻璃桌子——我失去了理智。我叫她收拾行李，搭第一班飞机回加利福尼亚。我愤怒地说："你是愚蠢还是无能都不重要……我知道答案。"她哭了起来——简直一团糟。然后，我气冲冲地离开，去了宴会厅。

两个小时后，她走过来问我："我们能谈谈吗？"我看着她，摇了摇头说："我受够了。"她眼含泪水说："这是我有生以来经历过的最艰难的对话。这次回去后，我不想为你工作了。我看重我们的友谊，对我来说，继续和你做朋友比为了工作满世界跑更重要。"我抱着她说："真的很抱歉。我知道你为我做事很辛苦，你确实是个优秀的员工，更是一位很好的朋友。我也珍视你的友谊，所以不管你做出什么决定，我都没意见。"

有效对话
应对沟通困难的7个原则

从那以后,我意识到做事不能太像我的首席执行官。人无完人,金无足赤,是人都会犯错。现在我已经60多岁,体会过生活中的诸多不如意。我感谢这位员工让我认识到了这一道理,后来她成了我一生的朋友。

安德烈娅·内申(Andrea Nation)

首席执行官助理

Drishti公司

这个故事里,两个人都表现出了莫大的勇气。从Excel表格中删除几行内容的员工显然犯了错误,给所有相关人员造成了很大的压力。因此她需要很大的勇气才能在宴会厅露面,告诉上司她选择友谊,而不是工作。她在保持沉默或直言不讳之间做了权衡,最后决定与上司进行对话。

乍一看,她上司的作为似乎不涉及勇气,但实际上也很勇敢。当安德烈娅和我公开分享这个故事时,我脑海中闪过的第一个想法是,她是多么有勇气公开分享这段显然不光彩的回忆。她有别的更好的处理方法吗?当然有。然而,安德烈娅承受着巨大的压力,这一点显而易见。当冷静下来后,她意识到在别人面前大声指责员工是错误的。于是她放下自尊心,向员工道了歉。在我20多年的职业生涯中,从来没有一个上司向我道过歉,尽管有些时候他们确实该这么做。这些经理们不像安德烈娅那般有勇气承认自己的错误,并

第7章
勇气：克服障碍

请求下属原谅。在工作中，你是否欠别人一个道歉？不要推脱，现在就是为你的行为负责并做出补偿的好时机。

适应不适

如果说我能在不友好的环境中游刃有余，那肯定是在撒谎。不过，这些年来，我确实越来越能坦然面对曾经让我感到不安的情况了。比如，受到不公平待遇时，一想到要反击，我就会缩手缩脚。我会问自己："你真的打算兴风作浪吗？"或者对自己说："真让人担忧！我不知道该怎么办。"但我现在明白，自己不争取，没有人能帮你。表达对某一情况的感受时，即使可能让别人感到不自在，我也不再犹豫不决。过去，当别人盗用我的想法并当作他自己的高见时，我总是不敢说出来。现在我再也不那样了。经验让我明白了直面问题的重要性以及假装相安无事时会发生的后果。不可否认，我花了20年时间，才有今天的成就！我的目标是加快你们的学习速度，让你们不用像我那样花太长时间来适应不适。

很多人认为不采取行动就能避免不适。然而，不采取行动可能导致情况得不到改善或进一步恶化。依我看，只要是努力解决你感觉到的任何不适，都算不上损失。

有些人过于多虑，踌躇不前，结果让自己陷入困境。当问及为何缺乏行动时，他们会说自己需要更多的时间来做调查。如果你仔

有效对话
应对沟通困难的7个原则

细想想，就会明白其实他们不愿意采取行动。我们都希望有个能让我们看到未来的水晶球，这样我们就能百分之百确定下一步的行动是否正确。然而据我所知，世界上根本没有这种东西——至少目前还没有。我们必须利用现有资源，处理好当下的问题。

应对不适的最好方法是通过一项小任务，为整个行动拉开序幕。一项简单的任务，比如约定会谈日期，可以推动对话进程——能让人行动起来的最有效因素是设定期限！一旦开始行动，你会更清楚地知道下一步该做什么。你不会感到不知所措，甚至可能有一丝宽慰感，因为你知道自己正在解除一直困扰你的难题。

值得做的一项练习是，想一想你在工作中得心应手的时候。你可能闭着眼睛都能做的一份工作。你完全清楚第二天会发生什么，因为你对这一切了如指掌。把这种感受记下来。

现在，设想一下你的工作完全无法预测的情况。前一天，你还在处理某个项目，第二天，某个分支机构发生紧急事件，你必须赶紧去解决。写下工作让你措手不及时的感觉。

当每天的工作都出乎预料时，我觉得你会经历更显著的成长，并获得更高的职业满意度。因为当没有剧本可循时，你不得不自编自导。如果你一直扮演一个按部就班的角色，那么就不会有这么大的进步。当时你可能不会意识到这一点，但你已经学会了适应不适。下次当你想逃避让你感到不舒服的情况时，想想这一点，然后果断前进。

第7章
勇气：克服障碍

无论你多么会适应不适，都有可能面临震撼你内心的情况。这里有一个例子。

2020年3月的第二周，由于新冠肺炎疫情蔓延，我不得不解聘9名员工中的7名。之前的几周里，我花了许多个夜晚和我妻子讨论，试图想出一些调整业务的办法，这样我们就不用打发员工走了。但我最终意识到，从长远来看，有机会生存下去的唯一方法是短期内大幅削减开支。

这是我在经营QRST's公司的19年中做出的最艰难的抉择。是的，这些年来，我肯定解聘了一些员工，但这次不一样——没有人做错事。这些人准时上班，努力工作，和他们一起工作是一种快乐。

我想大家都猜到要裁员了。因为订单减少了，我们都在谈论新冠肺炎疫情对经济造成的影响，尤其是对我们业务的不利影响。

我把大家召集过来，说："我从各个角度审视了我们的业务，在疫情中存活下来的唯一方法是减少开支。"我强忍着泪水，继续说："从今天下午4点开始，你们所有人都下岗了。"房间里一片寂静。过了一会儿，员工们开始一个接一个地问问题："你觉得我们什么时候会被叫回来？""预计什么时候会再次接到订单？"我唯一能做的是如实回答他们——"我不知道"。

差不多过了3个半月，我才把所有人都叫回来工作。他们回来后，波士顿的一家主流电视台报道了他们重返岗位的消息。我们的故事关系到希望和生存，而这正是我们国家所急需的。至于我自己，明白了必须勇敢去做该做的事，不管这件事会让我感到多么不适。如果我没有鼓起勇气解聘这些人，我的公司很可能熬不过去，员工们可能继续失业。

彼得·林尼格（Peter Rinnig）

企业主

QRST's

多年来，我一直是彼得的人才战略顾问。他是一位非常谨慎的领导者，在人事方面，只有在保证自己的决定完全正确的情况下，他才会采取行动。新冠肺炎疫情蔓延期间，彼得和许多企业主一样，陷入了被迫做一些始料未及的事情的境地——解雇大部分员工。但不管怎样，彼得找到了做该做的事的力量。他完全按照我的建议做了。在召集他的员工之前，他准备好了要说的话。他的发言很简短，每个人都有机会提问。最重要的是，他很诚恳，能够勇敢说出"我不知道"。

当彼得重新召回时，所有员工都回来了，这并不是任何雇主都能做得到的。当时，政府发放了额外的失业救济金，使得待在家里的人有可能比有工作的人赚到更多的钱。彼得愿意与员工们进行开诚布公的对话，这使他的员工在生意好转时愿意再度为他效劳。

只有面对逆境，我们才知道自己有多坚强。希望这是彼得在这一特殊时期不得不经历的最后一次考验。

第7章
勇气：克服障碍

💬 办公室政治：驾驭激烈的对话

我为客户辅导的一些最勇敢的对话是在高度政治化的工作环境中进行的。处理涉及办公室政治的棘手对话需要很大的勇气。我在这里分享一些你可能遇到的具有浓厚政治色彩的对话案例，以帮助你在遇到这种情况时有勇气应对。很多时候，我不得不提醒客户，他们陷入了办公室政治斗争中。你看，很多人认为只要保持低调，就能避免被卷入办公室政治。但事情不是这么简单的。不管怎么说，办公室政治是存在于每个组织中的权力游戏。无论你是为非营利组织、政府机构、私营公司，还是为家族企业工作，总有一场政治博弈在某处上演，所以视而不见的做法有害而无利。

在开始写辞职信之前，你有必要明白办公室政治不仅仅是操纵他人，还包括有效使用权力。我是杰弗瑞·菲佛（Jeffrey Pfeffer）博士关于权力和政治的著作的忠实粉丝。他的书《权力管理：组织中的政治与影响力》（*Managing with Power: Politics and Influence in Organizations*，1992）至今仍有重要意义。菲佛将权力定义为通过他人做好事情的能力。掌握权力的人能够有效按照不成文的潜规则，在组织中迅速行动，获得稀缺资源、重要项目的批准和晋升。出于本书的目的，我们将重点讨论你在工作中可能面临的一些更具挑战性的政治对话。如果你想了解更多关于办公室政治的知识，请看我于2017写的书《上下管理，让你更成功》（*Suddenly in Charge*）

中，我用整整一章的篇幅，阐述了这一重要话题。

下面是一些常见的高度政治化的对话，我猜你迟早会遇到。

争取人员编制

在组织中，人们遇到的一大难题是给自己的部门增加人手。很多人没有意识到这些对话带有政治色彩，尤其是预算紧张的时候。为什么会这样呢？比如说，你和我都想增加人手，而老板批准的开支只够聘用一个员工。那么，两个人肯定有输有赢。谁会胜出取决于几个因素，包括我们的政治手腕有多高明、我们的论点多么令人信服。在处理这种情况时，问问自己："如果领导同意我的请求，对他有什么好处？"了解这一点，将有助于你获得所需的资源。

进行此类对话，有两种方法可循：一是通用方法，二是政治头脑敏锐的人采用的方法。

你：我想给我们部门再雇一个人。

领导：为什么有这种想法？

你：我们加班加点也完不成任务，跟不上工作进度。

领导：我来检查一下你们目前在做的项目，给重要事项做个优先顺序。

你：好的。但我还是觉得多招聘一个人更好。

领导：你自己也知道这是额外人员，我们没有这个预算。

第7章
勇气：克服障碍

现在换个思路，组织对话时采取的角度是你的要求如何使你的领导受益。

你：我知道您非常重视网站安全，因为最近我们竞争对手的网站出现了安全漏洞。

领导：是的，这是我的头等大事。首席执行官明确交代过一定要做好防范，不能让这种事情发生在我们这里。

你：我分析了我们目前的系统，感觉可能存在一些漏洞。我觉得如果聘请一位监督网络安全的首席安全官，可以做到无后顾之忧。其实，我可以推荐一个人。

领导：我觉得我们的竞争对手肯定后悔没有聘请这么一个人。如果有人专门监督，数据就不会泄露了。我会向首席执行官请示，看看能不能批准这笔支出。

解聘不该被解聘的人

如果你在管理岗位上工作足够长的时间，可能会碰到这样的事：你的老板解聘一个你认为不该被解聘的人。即使对富有经验的领导者来说，这也是一次艰难的对话。首先，你必须弄清楚这场战斗是否值得打。设想一下，销售副总裁与鲍勃一起获得了晋升，他一直视鲍勃为威胁。你认为鲍勃是个好员工，只是最近因为一些个

有效对话
应对沟通困难的7个原则

人问题影响了工作。如果你觉得自己值得为他讨回公道，那么让我们看看，与老板交谈时，你可以采取哪一种对话形式。

在第一个例子中，你决心帮助鲍勃。我会让你判断你的努力是否值得。

你：我听说您想和我谈谈鲍勃的事。

老板：是的。销售副总裁对他印象很不好，坚决表示要辞掉他。我想让你来处理这件事。

你：我觉得他干得不错。我希望他能留下来。

老板：但决定权不在你手中。让他走人，本周五之前搞定这件事。

你：我们至少可以讨论一下吧？

老板：你没听我说吗？没什么好讨论的。如果你做不到，我去找一个愿意做的人。

在这一情景中，你误读了形势。你的老板已经说清楚接下来该做什么。当你问"我们至少可以讨论一下吧？"时，他能给你的回答只有两种。不幸的是，他选择了你不想听的答案。他甚至怀疑你是否有能力执行他认为必要的管理决策。

下面有处理这一对话的另一种方式。你可以做你认为合乎情理的事情，同时在老板心目中保持好印象。

第7章
勇气：克服障碍

你：您说过想跟我谈谈鲍勃的事。我刚好也有这个想法。现在有时间吗？

老板：当然，进来吧。首先，我有件事要告诉你。销售副总裁很想辞掉鲍勃，因为他的销售额远远落后于其他人。

你：是的，我也正想说这个问题。您可能不知道鲍勃最近经历了一些私人问题，但是好像已经解决好了。之前，他是我们公司的销售精英之一。如果我们现在解聘他，我们可能会失去最大的客户。

老板：他在负责C&C客户？

你：是的，他的岳父是C&C公司的创始人兼首席执行官。我有个建议，给我几个月时间和他密切合作。我想我们能让他的销售额提升到原来的水平。只要发现我判断失误，我会马上过来汇报。您觉得这个方法可行吗？

老板：那就这么办吧。我会给你和鲍勃合作的机会，但我还是希望你谨慎尝试，以防事与愿违。另外，我会让销售副总裁知道我们已经商量好了对策。如果有什么问题，我会通知你的。

在第二个情景中，主动寻求对话的人不是你，所以你可以为自己的观点申辩。你向老板提供了一些她不知道的关键信息。你给出了一个合理的解决方案，使得她有理由答复销售副总裁——这很可能让对方放弃解聘鲍勃的想法。

有效对话
应对沟通困难的7个原则

获得晋升

我想不出有什么比晋升更具政治色彩的事情了。我们看到高层领导者把亲信安插到某些关键职位上，员工们为名利地位不择手段。这一幕每天都在组织中上演，有好几部电影以此为情节，其中包括2008年的票房黑马《主管争夺战》（*The Promotion*）。被电影情节逗乐是一回事，但亲身体验这些纷争又是另一回事了。为了让你对可能发生的事情做好准备，我们来看看关于晋升的两种不同的对话方式。

第一种情况是员工觉得自己有资格获得晋升。

你：什么时候能轮到我升职？我的工龄比你们提拔的那个人长半年。

老板：在我们这里，晋升是根据工作表现来衡量的。你为什么认为自己达到了标准？

你：嗯，我在这里工作的时间比部门里的其他人都长。

老板：我明白。但是，年资并不是我们给员工更多的责任时考虑的因素。

你：我要做同样的工作多久才能升职？

老板：如果你想获得晋升，就不应该问这个问题。你应该问自己该做些什么，从而在公司中担任更具战略性的职位。

第7章
勇气：克服障碍

没有人愿意把晋升机会留给那些自认为有资格的人，当然也不会给威胁要离职的人。

下面的对话中，这名员工知道晋升的基础是绩效和人脉。因此，他能够引导对话朝着自己希望的方向发展——这需要勇气和信心。

你：在工作中，我不断提出创新想法，帮助我们扩大了客户群，提高了客户保有率。我已经和我们的几家大客户的负责人建立了牢固关系。我觉得我有责任让您知道这些。如果给我这个机会，我很快就会融入新角色，并且立即为公司带来更大的价值。

老板：嗯，挺好。不过，另一位区域经理支持你的对手担任这个职位。

你：我一直在研究关于客户体验的新举措。我可以在下周的管理层会议上谈谈这方面的内容吗？

老板：这个主意听起来不错。这样可以让他们了解你刚才跟我讲的东西，也能帮我说服主管们，让他们相信你是这份工作的合适人选。

上例中，这名员工处理这个情况时用了商量的口吻，而不是强硬的声明。他把老板引向自己的目的，因此获得了说服管理团队，让他们相信自己是晋升最佳人选的机会。

有效对话
应对沟通困难的7个原则

💬 选择性参与职场斗争

并不是所有对话都值得一谈,你需要选择性地参与职场斗争。我们最好把有限的时间和精力花在相信自己能够施加影响的对话上。我将分享你可能需要跳过的四种情况,并提供一个问题清单,以帮助你判断是否应该进行对话。

遇到以下这些常见情况时,最好什么都不要说。

决定离职

你已经在思想上放弃了你的工作,行动跟上心动只是时间问题。虽然从短期来看,把心事说出来可能让你感觉舒服,但从长远来看,此举可能弊大于利。既然你已经等了这么久才想说点什么,那么再等几个月又有何妨?

自行消失

有些问题在发展过程中会自行消失,比如,你所在的部门将在月底被撤销。你会继续留在公司,而你想要交谈的那个人收到了离职补偿。这时,没有必要再和对方澄清什么了。

时机不对

你对自己收到的微薄加薪感到非常失望,打算下次和老板单独

第7章
勇气：克服障碍

交谈时提出这个问题。在你找老板的前一天，公司刚发布过收入报告：效益大幅下滑。这时要求加薪，会让你显得对公司的事务漠不关心。最好在做出重大贡献后（比如为公司节省一大笔钱），或者当公司效益渐有起色时，再提这个话题。

顽固的对手

我曾和一个特别爱骂人的老板打过交道。我很快明白不管我说什么，她的行为都不会改变。如果你和一个顽固不化的人对话后，一脸茫然地走出房间，还到了打电话给心理治疗师求助的地步，那就没有必要让自己承受更多的情绪发作。

这里有一些问题可以帮助你决定一段对话是否值得进行：

- 根据我对某人以及我们之间关系的了解，这次对话能改变什么？可能性有多大？
- 在这次对话中，我有什么秘密计划吗？（例如，报复、解雇、损害他人等）
- 这个问题能自行消失吗？
- 对方乐于接受反馈，还是一意孤行？
- 我愿意听取别人的意见吗？
- 我能提供合理的解决方案吗？
- 问题在于我，跟对方没关系吗？

有效对话
应对沟通困难的7个原则

💬 找回勇气：为自己挺身而出

有多少次你想对某人说些什么，但没有说出来，后来又希望自己能勇敢点？我辅导的客户经常向我描述一种情况：他们因让别人摆布自己的命运而感到遗憾。他们向我描述了当时的场景，并问我是否有办法补救。为自己辩护需要很大的勇气。下面讲一位女士的故事，她不惧困难，坚持自己的立场。当你鼓起勇气进行一场政治对话，但不太相信自己能处理好时，希望能想起她的故事。

30多岁的时候，我加入了现在工作的这家公司，成为一名内部律师。我直接向总裁兼首席执行官汇报工作，他年近40，能说会道，善于争辩。我一向对自己的工作和负责的项目全力以赴，在这里，我每周工作长达90个小时。

入职一年后，我想如果能当上高级管理人员，我就能更多地专注业务，为公司做出更大贡献，并更好地实现我的愿景。我准备了一份晋升意向书，通过电子邮件发给了我的上司——总裁兼首席执行官。公司规定要求，员工到董事会任职的申请必须由总裁兼首席执行官批准。所以，他的支持至关重要。

我的上司通常会及时回复邮件，但几天过去了，我仍然没有收到他对我那封邮件的回复。有一天，开完客户会议后，我问他是否有时间谈一谈我的事情，以便让我了解他的想法。

第7章
勇气：克服障碍

我一开始就说："我想正式申请目前空缺的高管职位。"他当即拒绝："我认为你不合适。"然后，他起身向门口走去。我跟着他到了电梯，又到了停车场，要求他给我一点时间，听听我的观点。那是非常尴尬的时刻，但我知道我需要鼓起勇气，立即进行这次对话，否则机会就被别人抢走。我说："我进入公司后短短一年内，成功完成了很多项目，并承担了额外责任。我已经充分证明自己是一个管理人才。"

我和好争论的上司激烈讨论将近半小时后，他让我第二天去他的办公室。

我很担心自己是不是被解雇了。

第二天，我忐忑不安地去了他的办公室。寒暄几句后，他说："仔细考虑了我们在电梯和停车场里的谈话之后，我改变了主意。我打算支持你，让你当高级副总裁。"如果说我松了一口气，那未免太轻描淡写了。

几个月后，我从该职位的数百名应征者中脱颖而出，获得了董事会的认可和批准，从而顺利晋升。现在，我是公司的主管、总裁兼首席执行官。

艾琳·阿莫尔-鲍蒂斯塔（Aileen L. Amor-Bautista）

主管、总裁兼首席执行官

信用信息公司（Credit Information Corporation）

为了使对话继续下去，艾琳鼓起勇气，一路跟着她的上司来到

215

了停车场。遭到拒绝后仍不放弃，这表明她决心让自己过上无悔的人生。

你们中有些人可能会想：我永远做不到，我的性格和艾琳的性格完全相反。也许你倾向于顺其自然，日后又悔恨自己没有争取。这样的人太多了，他们想尽办法避免麻烦。但是，过大的压力让自己承受不起，怎么办？这种情况下，我们没有理由默默忍受。

当我的客户觉得沉默让自己付出巨大的代价，甚至影响到心理健康时，我会告诉他们怎么做。首先，我让他们进行低风险对话。举例而言，你可能对一位懒得回复你邮件的同事感到不满。虽然你什么都没对他说，但是问题依然存在。或者，你的一个同事在会议上经常打断你的话。起初，你觉得这没什么大不了，但现在感觉这种行为令人厌烦。接下来，我让客户简单写下想对自己的同事说的话，然后让他加以练习，根据需要做些修改。最后，我让客户安排时间与他的同事交谈，说出内心想法。我会经常回顾事情的进展。通常，客户会告诉我，谈话进行得比预期要好。

有些客户会告诉我，自己一开始时根本不知道在担心什么。接下来，我让客户选择他们一直在推迟的其他对话，重复上面的过程。人们拖延对话的现象很普遍，所以不用担心找不到话题。

对许多人来说，只要为自己挺身而出，就能改变生活。太多的人任由他人摆布。我记得奥普拉·温弗瑞（Oprah Winfrey）说过："人们利用你的唯一手段就是你让他们利用你。"我经常提醒自己

第7章
勇气：克服障碍

这一点。每次让别人控制你的时候，你就会失去自己的一小部分力量。当你意识到时，已经无力摆脱。现在是时候重新振作，收回自己的控制权了。你不可能在每一次对话中都有出色的表现。请记住，"失败乃成功之母"。正如我的导师艾伦·韦斯所说："如果你没有失败，说明你没在尝试！"

我以前说过，但是值得重复：勇敢有许多不同的表现形式，而且因人而异。对一些人来说，勇敢可能是指出上司在某件事上犯的错误，而对另一些人来说，可能是揭发公司内部正在进行的违法违规活动。唯一重要的衡量标准在你手中。

这里有一些问题，可以帮助你确定是否准备好勇敢地说出自己的想法：

- 如果我现在不说，以后会后悔吗？
- 存在危险吗？如果我回避这个话题，其他人会受到伤害吗？
- 如果我说点什么，会有什么不同吗？
- 我什么都不说，是在放弃我的权利吗？
- 我什么都不说，是为了讨好别人吗？
- 说出来的后果是利多害少吗？
- 如果我选择拖延，最坏的后果是什么？
- 如果我保持沉默，会发生什么？
- 是什么在阻止我说出来？这是保持沉默的正当理由吗？

在工作场所进行棘手对话，需要一定的勇气。你练习得越多，

有效对话
应对沟通困难的7个原则

就越能自如地处理过去可能忽略的情况。本章的目标是让你毫不犹豫地说出该说的话。

下一章是本书的结尾，我们将把所有的原则整合在一起，再探讨我们的前进方向。你已经走了这么远，只剩下最后一章了！

学习要点

- 勇气是不顾恐惧、勇往直前的决心。它不仅仅是一种心态或情感，还是行动的原则。

- 发挥你的勇气天赋，提醒自己比想象的还要好。你的超能力会帮助你面对恐惧，让你说出该说的话。

- 你越早适应不适，就能越容易发起一场高风险对话。

- 很多人认为不采取行动就能避免不适。然而，不采取行动可能会导致情况得不到改善或进一步恶化。

- 办公室政治是存在于每个组织中的权力游戏。你不能忽视它，所以最好善于处理涉及办公室政治的敏感对话。

- 并不是所有对话都值得一谈，你需要选择性地参与职场斗争。我们最好把有限的时间和精力花在相信自己能够施加影响的对话上。

- 要有勇气为自己挺身而出。

- 因为怕麻烦，你可能不愿意和别人交谈。但最好不要这样，否则日益加重的压力会让你承受不起。

- 失败乃成功之母。

有效对话
应对沟通困难的7个原则

现在，我们已经来到了本书的最后一章。正如你所见，如果你的目标是进行建设性的对话并继续与交谈对象建立关系，那么在处理工作中的挑战时，需要考虑很多因素。也许你应用我在前面介绍的一些技巧，进行了一直在推迟的谈话。事情的进展可能比预期要好，也有可能令人失望。在本章中，我们将讨论如何把这些内容组合在一起，确保每次在进行高风险工作对话时，都能提高应变能力。我将分享一些想法，例如：艰难的工作对话之后，该做什么；感觉捉摸不透时，该如何继续前进。我将介绍如何营造和睦团结的工作环境，让困难的工作对话成为例外情况，而不是常规。我们将用鼓舞人心的话语来结束这一章和这本书，并强调对话的重要性——即使你很不情愿，也一定要把对话进行到底。

化零为整

写这本书的时候，我和家人一起拼了一幅1000块拼图。在此过程中，我意识到拼图游戏与工作中的棘手对话之间有许多相似之处。我来解释一下吧。

在开始之前，我们制订了计划，决定先把框架组装起来，然后把图案相似的拼块分成一堆。我们轮流拼出不同的部分，因为有时

第8章 总结

候,一个人的眼睛可以发现另一个人错过的东西。每当有人找到关联的拼块时,我们都会一起欢呼。这个拼图游戏比我们想象的要难得多,好几次我都想放弃了。只拼过25块拼图的人能搞定1000块拼图吗?

既然你将要读完这本书,那就可以应对任何可能出现在你面前的对话,或者一直在回避的对话。不过,我有一句话要提醒你。也许你很想先挑战极限,但最好不要这样做。比如说,还没有拼成功250块或500块拼图,就不要去尝试1000块拼图。如果可以选择,选一个更易于处理的对话。给自己一些时间,从不那么复杂、风险不太高的对话入手,实践这些原则。

刚开始进入棘手对话时,你可能会犯几次错误,说一些令自己懊悔的话。如果是低风险对话,那么你很快就能摆脱不利影响,但如果这场对话关系到你的职业发展,那就不好说了。你练习得越多,就越能轻松应对过去想尽办法逃避的情况。你会直截了当地向你的老板、同事或下属说出你的想法,甚至都没想到这曾经是你不愿面对的艰难对话。

正如本书通篇所讲的,解决工作对话中的问题时,制定策略是至关重要的。我们瞎搞一通,最终拼好了那张1000块拼图。不过,我相当肯定如果我们没有讲求策略,那该死的拼图将会继续霸占我们的餐桌,影响我和家人的交流。把本书中介绍的7个原则看作处理棘手对话所需的7个拼块——这意味着你先拼哪一块并不重要,

221

有效对话
应对沟通困难的7个原则

只要你最终把它们全部拼好就行。因此,采取第一条原则"信心"之前,可以先研究第二条原则"澄清"。如果你觉得自己缺乏"信誉"(原则六),可以先改变周围人对你的看法,然后再考虑"妥协"(原则五)。

下面这一案例说明如何化零为整,从而得到自己想要的,甚至更多的东西。我认识的一位高管与我分享了她职业生涯中最具挑战性的一次工作对话。她应用本书中的所有原则,最终顺利达成了目标。

我想辞去首席执行官一职,又希望能以高姿态离开,并得到一笔遣散费。在任职期间,我促成了公司与另一个组织的合并,并支持了后续的系统集成。坦白讲,我不喜欢和我的新老板共事。我想休息一阵子,再做点别的事。

因此,我要做的棘手对话就是向老板提出辞职。不过,我和他的关系并不密切,而且我和董事会之间长期稳固的关系让我的老板对我心存芥蒂。

我认为在进行这样的对话之前,明确自己的目标和支持因素是很重要的。我的目标是:

- 尽快离开,也许6个星期内,因为没有什么比当无实权的"傀儡"领导更糟糕的了。

- 雁过留声,人过留名。争取高官离职时常见的告别仪式、礼

第8章 总结

物和荣誉等待遇，这对我后期的职业发展意义重大。
- 拿到合同中规定的遣散费，这样我就能悠闲自在地为下一份工作做打算。这一条显然是个挑战。

然后，我查看了我有哪些支持因素：
- 我知道我的辞职会让老板高兴，因为在现在的董事会里，他感觉像个局外人。我的董事会希望我能工作14年后享受更好的待遇。
- 他还未得到董事会的完全信任，我能向董事会指出系统问题，从而给他"捣乱"。
- 我意识到我离职后，公司更容易通过在整个组织内调整职位来达到扁平化。

因此，与我的老板会谈时，我准备了以下几个问题：
- 我们已经共事两年了。现在，我想休息一段时间后做些别的事情。我想听听您的意见。您在这个行业中人脉很广，能为我指点一下吗？
- 我知道卫生系统普遍面临着巨大的财务压力，而且您在财务方面非常精明。我的离职有助于提高管理层的效率，对吧？
- 董事会记得我为公司做过的一切，他们对我非常忠诚。虽然我主动争取了这一机会，但我能肯定董事会希望我收到合同中规定的遣散费，并通过日常活动纪念我的贡献。我相信他们希望我能高调离职，还会因此更加喜欢您，与您建立个人

有效对话
应对沟通困难的7个原则

  关系。

  为了那次艰难对话,我做了充分准备,也得到了想要的一切。我可以从我老板的肢体语言和语气中判断,我的话切中了所有要点。我的直觉正确预估了他的需要。

佚名

  这次会谈属于高风险工作对话的范畴。首席执行官的职位不容易找到,也不是那么容易填补的。就董事会如何看待失去如此高价值的员工而言,这位首席执行官的老板面临着很大压力。这位高管本可以向她的老板提出一系列要求,但这样的话,很可能适得其反。相反,她以试探的心态进入对话,这让老板愿意接受她的要求,也为对话的成功奠定了基础。对话中,她坚定从容,并明确告知了自己的希望。之所以能够做到这一点,是因为她清楚自己想要什么。她指出如果她能高调离职,老板的处境会变得更好,而且一旦她离职,他就能与董事会建立必要的信任关系——这让她的老板心动。她利用同理心和理解力,提出了对她的老板最有利的解决方案。在整个谈话过程中,她始终保持着好奇心和灵活性,向老板提出了正确的问题。她提出的不仅仅是问题,也是声明。她没有设定任何条件,如果发现自己不得不妥协,她也愿意做出让步。比如说,她想尽快离开,但也能灵活变通,很可能会同意在找到接任者之前留下来。对于即将离职的她,老板并不热衷于在日常活动中予以表彰。但他还是同意了，因为他知道为了让她尽快退出，付出点代价是值得的，而且又能给董事会留下好印象。她在老板和董事会中建立了相当好的信誉，并且有勇气在找到新工作之前，离开现有职位。离职后，她很快又获得了另一份首席执行官的职位，至今仍在那里工作。

这个故事是处理高风险对话的好案例。它提醒我们一切皆有可能——只要你精心准备，愿意妥协，恰当表达，同时有坚定的信念和勇气。

太空中的棘手对话

我有幸采访了美国宇航局宇航员克里斯蒂娜·科赫（Christina Koch），她目前保持着女性在太空中驻留时间最长的世界纪录，并首次实现了全女性团队的太空行走。当克里斯蒂娜刚从创纪录的328天太空旅行中归来时，我获得了与她交谈的机会。

我很想知道在外太空中进行工作对话，是不是和地球上的情况很不一样。克里斯蒂娜证实了我的猜测。即使离开地球，领导力的挑战也不能被忽略，工作对话的难题同样存在。我问克里斯蒂娜，在国际空间站当一名"新来的女孩"感觉如何。我很想知道，当她领导一个已经在太空待了一段时间的团队时，是否遇到过阻力。

我向克里斯蒂娜的一位宇航员同事了解了情况。我问她有没

有效对话
应对沟通困难的7个原则

有对克里斯蒂娜提出的要求做过此类回应:"我们一直都是这么做的。""我们这儿不是这样做的。"对方咯咯笑着说:"那是肯定的!"无论你身处何方,领导力的挑战都相差无几,这一发现让我感到欣慰。

作为一个领导者,受到自己管理的员工的反对是在所难免的。事先准备好答案会很有帮助,比如"我明白。不过,我们需要尝试一些新的东西。""我理解你的意思。让我们试试这种方法,这样我们就能知道怎么做最有效。"

有时候,你觉得再多的努力也无法改变别人的看法。如果遇到这种情况,得先做个选择。你需要确定事情是否必须继续下去,还是可以暂停,等情况变得有利时再重新开始。你也可能认为这场战斗不值得打,那么求同存异是上策。

我的一位客户和我分享了一件事,他要决定是否处理一个对他来说出乎意料的对话。有一名女员工来找他,说受到了性骚扰,而骚扰她的人恰好在月底被解聘的人员名单上。我的客户有个简单的对策,他可以假借即将实施的裁员,把那个家伙赶出组织,或者他可以展开调查,但他知道这样做既有破坏性又耗时。我们讨论了他的困境,最后他决定向人力资源部提醒做全面调查的必要性。在接下来的几天内,所有相关人员都陷入了一片混乱中。其间发生了许多不愉快的对话,最终决定开除那个人。我的客户告诉我,尽管不得不这么做,他还是对自己的选择感到满意。他知道如果纵容行

第8章 总结

为不端的人，还慷慨地发放裁员遣散费，他会良心不安。他还告诉我，跟他反映这件事的员工非常感激公司认真对待职场性骚扰问题。她还重申为组织效劳，愿意接手由于最近发生的裁员而耽误的工作。

我赞赏这位客户的决定，他处理的工作对话可能对任何领导者来说，都具有很大的挑战性。如果你曾经调查过性骚扰指控，你就会明白我的意思。作为人力资源部的负责人，我曾参与过性骚扰调查，其中一次尤其让我印象深刻。一名女员工参加完一次场外销售会议之后，向销售副总裁投诉，声称一名男同事在他的酒店房间里对她进行了性骚扰。销售副总裁（他是公司的共同所有人）去找他的合伙人——首席执行官，告诉了他所发生的事情。然后他们一起来找我，让我负责调查。他们告诉我，要确保公司不会失去那个被指控者，因为他是一名优秀员工。

我与指控者见面时想："这是个无法完成的任务。如果她说的是实话，而且她想让那个家伙离开，怎么办？"指控者对我诉说她的故事，我认真倾听了一些隐私细节——我希望自己能够忘掉。然后，我问她："说到底，你希望得到什么样的结果？"她说："我不希望他被解聘。我只想让他停止骚扰行为。"她的回答使我能够在满足两位共同所有人的要求的同时，照顾到她的要求。然后，我与被指控者见面，他又跟我讲了一遍所发生的暧昧细节。我坐在那里，尽力不使自己显得疲惫不堪。事情发展得很顺利，因为我们能够满足指控者的意愿。然而我经常想，如果她说"我想让他走人"，会发生什么。在那种情况下，我希望被指控者承认自己的越轨行为后，两位共同涉事人也能做些正确的事情。不然，除了辞职，我别无选择。

每个人的心中都有不同的底线，有人愿意跨越这些底线——在销售额比人性更重要的环境中工作，但是这不符合我的价值观。有人虽秉持不同的立场，可能会继续留下来，希望能够改变这种文化，但是我做不到。组织文化始于高层，因为我从没想过要当企业主，所以我知道最好不要试图改变不在我控制范围之内的事情。

💬 尴尬的对话之后该做什么

在一场艰巨的谈话结束之后，我们通常会松一口气，然后说："唷！还好这件事结束了！我希望再也不要有这样的对话。"据我看来，棘手对话很少能一步到位，通常情况下需要后续跟进。问题是，如何跟进？你可以说些什么、做些什么来缓解尴尬，并让对话保持建设性的发展？

我几乎利用我的整个职业生涯，帮助领导者处理棘手的工作对话，让他们在组织内部顺利合作。我亲自体会了当事情了结后，继续跟进并致力于建立长期关系带来的许多好处。完成一些棘手对话之后，你可以采用以下措施，重建稳固的工作关系。

第8章
总结

承认对话的尴尬

双方可能都想忘记曾经进行过的棘手对话。但是都忘不掉,所以你要在确定跟进之前,承认所发生的事情。即使你不是对话的发起人,我也建议你重视后续行动。在跟进的时候,讲一讲你俩都感觉到的不适感。最后,专注于双方同意的下一步计划以助力前进。这里有一些打破僵局的方法,可以用来启动后续对话。

- 哇,那真是一次艰难的对话,是吧?
- 我不知道你怎么想,总之我很高兴我们消除了误会。
- 我想那是一次令人难过的对话。我希望我们能忘掉它。
- 谢谢你的坦诚。我也不想说谎。听到你说这些,我很伤心,但我明白知道这些对我有好处。
- 谢谢你勇敢地告诉我你的想法。那么,我们接下来怎么办?
- 我很感激你耐心等我消化你说的话。我已经认真考虑过,并且对如何作为一个团队更好地开展工作,有了一些新的想法。我能占用你几分钟,谈谈这个问题吗?

推进对话

你们之间的尴尬对话不太可能涵盖所有想说的话。即使你把该说的都说了,对方处于震惊中,但没有完全理解你的意思。尽管这可能让你感到痛苦,但现在是时候总结说过和谈妥的内容,并沟通

有效对话
应对沟通困难的7个原则

接下来的步骤，以确保对话取得想要的结果。你可以通过电子邮件跟进，只要你愿意，也可以亲自去说。如果你选择后者，一定要在备忘录或电子邮件中做总结，以便记下所发生的事情。记录说过的话，这有助于你们开辟前进的道路并建立共识，从而解决问题。

如果你刚和一位绩效不达标的员工交谈，接下来的跟进邮件可以这样写：

这封邮件是我们8月25日谈话的后续。那天，我们讨论过你因为缺乏跟进影响了团队的生产力和员工士气。我们还探讨了过去几个月里发生的三件事，包括最近的一次，即因为你缺乏跟进，我们错过了申请一个著名奖项的截止日期——获得这个奖项本可以大大提高我们在市场上的地位。

你已经同意了如下事项：如果时间表中指定的任务出现任何延迟，你将立即通知团队成员。如果你觉得工作量让你力不从心，你会跟我反映，这样我们就可以评估是否该重新分出去一些工作。你将与你的团队成员单独交谈，为缺乏跟进表示道歉。你将寻求他们的指导，以便了解你需要做什么来重建信任。

一个月后，我会跟你再讨论你取得的进展。我们将继续紧密合作，确保你的绩效保持正常。

专注于建立长期关系

请记住，每一次对话都是两个人之间的相互交流。如果你和

第8章
总结

别人的互动只有消极的一面，那么对方很快就会对你避而远之。一定要注意和你最近争执过的人进行积极的对话。方法可能很简单，比如：问候对方的家人，或者称赞他在会议上的发言。关键是要真诚。比如说，表面上赞同对方在执行会议上的表现，内心却嘲讽，这对促进关系并没有什么帮助。因为谎话只不过是短暂的烟幕。记住，必须要相互信任，才能维护一段关系，如果对方认为你说的不是真心话，那就不可能了。试图建立积极关系时，让对方参与进来是个好主意。下面是可以帮你开启对话的一些方法：

- 我想我们彼此不太熟悉。如果我们花时间去了解对方，会发现我们有很多共同点。这周或下周，你有空和我一起吃三明治吗？
- 我们朝着一个共同的目标努力，那就是把公司打造成市场第一，对吧？（强调"我们"）我读过一篇文章，我猜你会喜欢。这篇出色的文章概述了我们这个行业在未来一年将面临的一些挑战。如果你想看的话，我可以给你寄一份。
- 我无意中听到，你儿子申请的大学和我儿子就读的是同一所学校。如果你愿意，我可以问问我儿子可否和你家孩子谈谈校园生活。

主动建立积极关系并不容易，尤其是当你不太在意别人的性格时。然而，在工作中建立关系是必要任务，你练习得越多，就越能得心应手。同样重要的是要牢记，建立关系需要两个人的努力。尽

有效对话
应对沟通困难的7个原则

管你觉得推动关系发展是你的老板或同事的责任，但实际情况会有所不同。因此，你需要准备拿起接力棒，向终点线进发。不要犯低级错误，没消息并不是好消息。即使你觉得这个角色应该由别人承担，但对方可能很忙，所以你不得不带头。你们也许无法做到同心同德。但是，当为共同的目标而努力时，你们很可能对彼此保持友善。最终，你们可能会"喜欢"上对方。

💬 营造和睦团结的工作环境

你有没有注意到有些工作场所与其他地方相比，矛盾和纠纷更多？职场矛盾的表现形式有很多，包括不服从命令、背后中伤、办公室八卦、相互指责、权力斗争以及职场人际关系。有趣的是，激烈的职场矛盾并不局限于特定行业。比如说，我有两个客户属于同一个行业。其中一个客户很少遇到需要立即干预和进行不愉快对话的情况，而另一个客户似乎总是在琢磨一些事情。你可能想知道原因。属于同一行业的公司难道不聘用类似的人员吗？是的。然而，你聘用谁以及如何管理员工相当重要。

在多年的咨询工作中，我看到了公司文化对组织内外发生的一切事件的影响。我在这里将公司文化定义为一套共同的价值观和信念。我在前面说过，公司文化是由组织的高层创建的。它是公司政策的基础，包括如何管理员工以及员工之间如何互动。其他人会效

第8章
总结

仿首席执行官及其管理团队设立的特定标准。比如，我的那位客户的首席执行官是一个坦率的沟通者，因此他的公司里没有纠纷。他不拐弯抹角，若有问题，他就会告诉你。

相比之下，另一家公司的首席执行官喜欢取悦别人。他避免正面冲突，把自己当作老好人。但是在一些关键问题上，即使能瞒过初一也瞒不过十五，而推迟的对话与当初相比，已经变得极其艰难。

你们中的一些人可能会想：与大多数公司相比，我们公司是非纠纷更多。我不在高层，所以对此无能为力。我想我必须善于应对高风险对话，因为我将面临很多这样的对话。这种认识不一定正确。因为每个公司都有亚文化，这就可以解释为什么有些公司的销售部看起来"风和日丽"，而客户服务部却经常"风雨交加"。去看看Glassdoor[①]这样的网站，在Glassdoor上员工可以分享在某个组织工作的感受，这样你就能明白我的意思。对于同一家公司，有人大加称赞，而另一些人则警告人们远离。如果你仔细观察，就会发现这些评论者通常在一家公司的不同部门工作。

下面说一说亚文化对领导团队意味着什么。从制定行为规范

---

① Glassdoor：美国的一家做企业点评与职位搜索的职场社区。在Glassdoor上可匿名点评公司，包括其工资待遇、职场环境、面试问题等信息。——译者注

开始，领导者可以创建自己喜欢的、没人搬弄是非的亚文化。假设你的一个员工没有尽职尽责。在类似情况下，你希望主管人员做什么？是发现问题后，与这名员工谈谈他的表现。还是任凭办公室里流言蜚语日益严重，可是你却充耳不闻。回顾过去，你意识到这是错误的做法，因为事情似乎已经失控了。现在控制局面并重整旗鼓，还不算太晚。把团队召集起来，对大家说："我最近听到很多闲言碎语。这种行为很伤人，我们这里不欢迎这样的人。我在此提醒大家，如果你们参与散布谣言，将面临纪律处分，甚至被解聘。"然后，准备好立即与任何继续嚼舌根的人谈话。

缺乏明确性也会造成办公室纠纷。比方说，你把一个项目分配给了团队中的几名员工。你没有具体说明谁负责哪方面的工作。一位团队成员觉得自己承担了大部分工作，还把这个情况告诉了周围的每个人。如果你明确分工，就可以避免这一误会。你需要与员工们进行对话，以确保事情回到正轨。不过，你要先明确谁负责项目的哪个阶段。然后，给那位觉得自己摊上大部分工作的员工打电话或见面说："我听说你觉得这个项目的责任几乎全落在了你的肩上。我的理解正确吗？"让我们假设这个员工说"是的"，因为他几乎见人就说这一点。那么你可以说："我理解你为什么会有这种感觉。我把这个项目分配给你和汤姆时，没有说清楚。对此，我表示歉意。我打算让你直接与客户合作，确定创建新产品所需的规格。汤姆会接着采用这些规格，建立供应链，以确保我们能够按照客户的规格，并在预算范围内制造产品。今天晚些时候，我会和汤姆见面，让他了解他在这个项目中承担的责任。"今后，要确保清楚告知别人他们的责任和你的期望。这样做，你可以避免人们因为争夺地位或者职责分工不清晰而发生的纠纷。

当你的两名员工以完全不同的方式看待事情时，就可能会发生最具挑战性的职场闹剧。在这种情况下，你需要推动一场很可能高度情绪化的对话，所以把自己想象成调解人。你仍然要遵循本书中列出的7个原则，只是你在对话中的角色会有所不同。你不会主导谈话，而是为双方提供指导和鼓励，并与他们一起找到双方都满意的解决方案。有一次，我不得不介入并调解我的两名员工之间的对话。因为她们之间矛盾很深。

当丽莎入职时，贝丝（Beth）已经为我工作了好几年。贝丝是一名稳重的员工，她以准时上班为荣，每天上午8点半立即开始一天的工作。相反，丽莎是一个自由自在的人。有时她会准时出现在办公桌前，开始一天的工作，而有时在餐厅边喝咖啡边聊天。丽莎来后不久，同事们都明显感觉到她俩很难一起工作。当她们的不和开始影响到部门里的其他人时，我决定进行必要的干预。我把她俩叫到了我的办公室。下面是对话的经过。

我：我无法不注意到你俩之间的紧张关系，这影响了你们部门的其他成员。无论发生了什么，我认为我们最好开个会，看看能不能和解。贝丝，你能先说一说吗？

贝丝：当然可以。我想我们必须在上午9点前接听前台的电话，这意味着我们中的一个人必须在8点半准时到达办公室，打开电话线。我觉得我是唯一一个遵守规则的人。我的孩子身体不舒服的时候，早上我感觉特别有压力，因为我不能指望丽莎承担这一任务。她迟到的次数比她准时上班的次数多。

我：我们不在同一个楼层，所以我没有注意到这个情况。丽莎，对此你有什么要解释的吗？

丽莎：我每天都会准时到达公司。问问那些一大早去餐厅的人就知道了，因为我到公司后做的第一件事就是去餐厅喝杯咖啡。我不觉得这有什么问题。不过，我确实感觉到贝丝的态度不太友好。

我：丽莎，我记得我招聘你的时候说过，每天上午8点半一定要在办公室做准备工作。是不是你家里有什么事，让你无法做到这一点？你能理解贝丝为什么这么想吗？

丽莎：嗯，是的。我的继子现在每周和我们住两天，我负责按时送他去上学。每周一和周二，他和我们住在一起。有时候交通很拥堵，早上我们太忙乱，我甚至没有时间在出门前喝杯咖啡。

贝丝：我不知道你的继子现在和你们住在一起。我能理解送一个十几岁的孩子准时到校有多紧张。

我：是的，平衡工作和家庭确实很难。我可以做些什么来帮助你们过得轻松点呢？

贝丝：如果把我的工作时间改为上午8点，我就能下午5点准时下班，你觉得怎么样？我会全权负责接听电话。丽莎可以继续从上午8点半工作到下午5点半。

丽莎：我下个月开始上夜校，每周去两次，下午6点开始上课。幸运的是，那两天我的继子不在我们身边。如果我每周有几天能在下午5点下班就好了。你们觉得这样可以吗？周一、周二和周三，贝丝从上午8点工作到下午5点，周四和周五，我也按这个时间表上班。

贝丝：我能接受。

我：我们得先说清楚。我要你做好工作前的准备，也就是说，在正式上班时间里，你要按时坐在办公桌前，在那里喝咖啡。明白了吗？

丽莎：明白。

为了确保成功，我遵循了本书中叙述的7个原则中的几个。我以"澄清"开始对话，在促进讨论之前，明确了我的目标。我要保证上午8点半至9点之间的电话被正常接听，并希望找出一个让双方都满意的解决方案。我是她们的上司，所以我可以明确告诉她们各自需要做什么。她们可能会服从我，但是这远不如承诺有效。我让她们提出自己的计划，增加了取得可持续成果的机会，改善了工作关系，并实现了部门内部的和谐。我和贝丝一样，承认平衡工作和家庭生活的挑战时表现出了"同情"。当我问及如何才能使她们过得轻松些时，我表现出了"好奇"。我试图让她们互相"妥协"，当双方都提出可行的解决方案时，我就能做到这一点。顺便说一句，听说贝丝和丽莎现在是好朋友。

💬 保持正轨

我经历过足够多的棘手对话，所以知道有时候人们会试图让你偏离正轨。你与他人交谈时暗中自喜："嘿，事情很顺利！"但突然间，你遇到了障碍。你的反应将决定你是否能够继续对话并取得正面结果。考虑到这一点，我们接下来了解一下人们在对话过程中设置的常见障碍以及克服方法。

"我们这里不是这样做的。"

我们都知道很多人不善于改变。因此，当有人对你说这句话时，你可以回答："我知道这种方法可能和你的惯常做法不一样。但我们暂时试试看。后面，我们可以再次开会讨论进展情况。"

"×××也这么做过，你会找他谈话吗？"

我认为这是在转移注意力。你的交谈对象正在尽力将注意力从他们身上转移到其他人身上。我会这样回答："我不是来讨论别人的，我想和你谈谈……"

第8章
总结

"你为什么要找我的茬？"

当面临棘手对话时，人们常常感觉自己被区别对待。遇到这种情况，你可以这么说："你为什么觉得我在找你的茬？"对方很有可能争辩说，别人也做过同样的事情。这时，你可以参考我在上面给出的回答。

"你冒犯了我。你竟敢这样跟我说话！"

做出回应之前，停下来想一想你刚才说了什么。你的语气如何？谈吐明智吗？你有两条路可以走。如果你的语气和措辞太离谱，你可以回应："你说得对。对不起，我冒犯了你。那不是我的本意。如果你不介意，让我换个说法。"如果你觉得自己传达信息的方式是合理的，那就说："我很抱歉你会有这种感觉。但是，你需要了解问题的严重性，这很重要。如果我继续粉饰太平，那就是我的失职了。让我们把重点放在关注事实和接下来要做的事情上。"

也有些时候，对方说不出话来，只会抽泣或流泪。对大多数人来说，这是个大麻烦。你要深呼吸，暂停对话。你可以说："看来你需要几分钟来镇定自己。"等对方平静下来后，试着继续对话。如果对方看起来仍然很沮丧，那就结束对话。"让我们定个时间，下次再谈吧。"然后，在对方离开你的办公室或挂断电话之前，安排好后续对话的时间。

有效对话
应对沟通困难的7个原则

💬 将对话进行到底

本书中，我一直在强调保持对话的必要性，因为棘手对话很少被一次性解决。如果你跟某人有过冲突，那么你们之间通常会发生多次"交锋"。如果你聘用或接管了一个令人头痛的员工，那么这个人不会因为你的一次谈话而变得安分守己。如果你发现自己失去了希望，请考虑以下几点建议。

将关系从对手转变为伙伴

在棘手对话中，人们很容易把谈话对象看作对手。试着重新定位自己——无论是精神上，还是身体上——与对方并肩站在一起，这样你们就能专注于解决同一个问题。举个例子：你可能发现上司对你很失望，因为你总是错过最后期限。你正在尽你所能地按时完成报告。然而，软件系统的严重故障让你无力回天。直到现在，你可能一直将上司视为你的头号大敌。其实他不是，他也因为错过最后期限而被他的上司批评。

这里有一个方法可以将对话转向合作。你可以对你的上司说："您也许觉得我不在乎最后期限，因为之前我错过了几次。其实不是这样的。如果您有空的话，我想谈一谈我发现的一些系统问题，还有关于如何提升做报告的效率方面的一些想法。"

第8章
总结

将对话从说服转变为学习

当我们试图说服他人接受我们的观点，尤其是当我们没有花时间去了解他人的观点时，对话往往会失去控制。在本书的前面部分，我提到过我的兄弟马克，我可以说他狂热拥护他的政治信仰。以前，我曾试图说服他从我的角度看问题，但这种做法很少奏效，或者说从来没有奏效过。然而，当我变成一个有兴趣了解他的观点的人时，我们之间的对话变得富有成效。与他交谈时，我一般都会说："给我解释一下。"我这么说是因为我真的想知道他为什么会有这种想法。有意识地进入学习模式，将帮助你获得深刻的见解，从而增长知识、加强合作并推进对话。放下自己的观点，至少暂时这么做，这样你就能腾出空间来接受别人的观点。你甚至可能改变主意！

说真话

诚恳说出你的想法，让大家都知道。人们往往过于担心得罪别人，所以无法做到坦诚。或者他们说东道西，却回避该说的内容。这让听者猜不透他们真正的意图。当有人对我说："我们能谈谈吗？"并解释为什么要和我对话时，有很多次我都感到困惑不解。你是否也遇到过相似的情况？你可能会说："我有点听不明白。你为什么不告诉我你的真实想法？"为了避免这种情况，从对话一开始，就要说清楚你的意图。"我希望我们都能坦诚说出自己关心的问题，这样我们才能找到两全其美的方法。你想先说还是我先说？"

建设性地消除无端猜测

如果问某人在工作中与同事建立牢固关系的障碍是什么，他很可能会猜测别人心中的想法，这很可能只是他自己的臆想。他会说："他们想抢走我的工作，而且会不惜一切代价。"或者"他等着看我失败。"我们对他人所做的假设可能更多地反映我们自己，而不是别人的想法。我以前说过，但还想强调一遍：除非我们问清楚，否则不可能知道别人在想什么。如果不闻不问，继续想当然，那么我们永远无法达到预期目标——那就是最终进行建设性对话，让双方相互理解。

承认错误

没有什么比真诚地道歉更能推动陷入僵局的对话了。这里的关键是真诚，没有诚意的道歉反而弄巧成拙。承认可能犯的错误，表明你也是个普普通通的人。你的态度也许鼓励其他人也照做。下述说法可能有助于重新开始对话："我发现我给你留下了我在争夺你的职位的印象。但这绝对不是我的本意，如果我让你有了这种感觉，真的很抱歉。我今年想让我们取得优异业绩的热情可能有点过头了。""我觉得我们谈不拢的责任在于我。我们能重新开始吗?"

如果你将从本书中学到的知识付诸实践,你会发现工作中进行开诚布公的对话会变得轻松许多。你也可以在家庭生活中运用同样的原则,从而改善你的人际关系。我建议你把本书放在手边,有需要的时候拿出来翻一翻。如果你有疑问或只是想聊一聊,请随时通过邮箱Roberta@robertamatuson.com与我联系。

随着职业生涯的发展,你会经历很多变化。然而,有一件事永远不会改变,那就是有效沟通的需要。你现在有了应对任何棘手对话的必备工具。满怀信心向前走,记住——将对话进行到底!

致 谢

如果没有我的代理人琳达·康纳（Linda Konner）的支持，这本书就不可能问世。在新冠肺炎疫情期间，她施展"魔法"，为我争取到了出书协议。我非常感谢她的不懈努力。

感谢我的编辑凯茜·斯威尼（Kathe Sweeny）和希瑟·伍德（Heather Wood），他们的帮助使我的书稿得以完成。还有Kogan Page出版社的工作人员，我非常感谢他们一路以来给我的建议和帮助。

我还要感谢我的导师艾伦·韦斯（Alan Weiss），他多年来的教导使我受益匪浅。他一直鼓励我高瞻远瞩，这是我写第6本书的推动力。

最后，我还要感谢我的同事休·布兰（Hugh Blane）、盖尔·鲍尔（Gail Bower）、格雷厄姆·宾克斯（Graham Binks）、诺亚·弗莱明（Noah Fleming）和丽莎·拉特（Lisa Larter）。我从他们这里听取的建议超乎我的想象，感谢他们的忠告和友谊。

尾 注

1. 《了解对话隔阂：为什么员工不说话，对此我们能做些什么》（*Understanding the conversation gap: Why employees aren't talking, and what we can do about it*），Bravely，2019年7月，https://learn.workbravely.com/hubfs/Understanding-the-Conversation-Gap.pdf?t=1533596048056&utm_campaign=smart%20brief%20test&utm_source=hs_automation&utm_medium=email&utm_content=64321921&_hsenc=p2ANqtz-_4k_KzRnQlCrerxB5Gr0XEMMWshlLmigMT3ElhTx6htsOUK3kcp7H-J_GAqZMvIAdILhbkkDX2sEDVSXIQdx9e-xqh8A&_hsmi=64321921（存档于https://perma.cc/CCV6-MUW6）。

2. 《昂贵的对话：为什么员工的沟通方式会决定你的盈亏水平》（*Costly conversations: Why the way employees communicate will make or break your bottom line*），活力睿智训练中心（VitalSmarts），2016年12月6日，www.vitalsmarts.com/press/2016/12/costly-conversations-why-the-way-employees-communicate-will-make-or-break-your-bottom-line/（存档于https://perma.cc/4YFE-8DTH）。

3. 《2017年有毒员工调查》（*Toxic Employee Survey: 2017*），Fierce有限公司，2017年8月15日，fierceinc.com/toxic-employees-survey-2017/9（存档于